民法(相続編)改正 対応

相続税額に影響が出る重要項目!

配偶者居住権等を中心とした改正された相続税実務

税理士・不動産鑑定士
松本 好正 著

週刊「税務通信」「経営財務」発行所
税務研究会出版局

はしがき

　平成30年7月6日に「民法、家事事件手続法の一部を改正する法律及び法務局における遺言書の保管等に関する法律が」が成立し、7月13日に公布されました。
　これらの改正事項のうち、①配偶者居住権の創設、②遺留分に関する見直し、③特別寄与料の創設などは相続税に影響を与えるため、令和元年度の税制改正において相続税法等の改正が行われたところです。
　この令和元年度に行われた相続税法の改正について、民法等の改正に伴う所要の調整が大方と思っている方がいるかも知れませんが、今後の相続税実務において、主流になる可能性を秘めた『配偶者居住権制度』が含まれていることを見逃してはなりません。
　配偶者居住権について簡潔に説明しますと、被相続人が所有していた家屋等に配偶者が居住していた場合には、その家屋を配偶者以外の相続人（例えば、長男）が相続したとしても、配偶者はそこに終身まで無償で住み続けることができるというものです。
　それを相続税の関係からみると、配偶者が取得する配偶者居住権については相続税の課税の対象となるものの、長男が取得する家屋及びその敷地（以下、「家屋等」といいます。）の評価は、配偶者居住権相当額が減額されます。また、配偶者居住権は、課税の対象とはなるものの、実際は、配偶者の税額軽減により相続税の負担無しで取得できる可能性が大きく、そして、配偶者が将来的に亡くなった場合、配偶者居住権は消滅し、配偶者の相続において課税の対象となることはありません。
　したがって、配偶者の税額軽減を適用することを前提とすれば、配偶者居住権は消滅するまで相続税はかからないことになります。一方で、長男が相続する家屋等は、配偶者居住権相当額だけ低く評価できることから相続税の負担が減り、これら一連の流れを俯瞰した場合、今後、配偶者居住権を設定することによる遺産相続が主流となる可能性がありま

す。

　なお、配偶者居住権の評価については、新たに相続税法で規定が設けられましたが、本書ではその評価の仕方について多くの事例を用いて解説しています。

　また、本書では上記外の民法改正（遺留分減殺請求に関する見直し、特別寄与料の創設、持戻し免除の意思表示の推定、成年年齢の改正）に伴って行われた相続税等実務の改正についても触れQ＆Aを織り込みながら、解り易く説明しております。

　ちなみに、改正に伴う相続税法の適用は、配偶者居住権の適用は令和2年4月1日以降、成年年齢改正に伴う適用は令和4年4月1日以降（遺留分に関する見直し、特別寄与料の創設は既に適用）ですが、事前に改正事項を考慮して相続対策を図ることにより、より大きな効果が期待できるものと思われます。

　本書が、配偶者居住権をはじめとする民法改正に合わせて行われた相続税等実務の改正の理解の一助となれば幸いです。出版に際し、税務研究会の加島太郎氏と知花隆次氏にはお世話になりました。この場を借りて深謝いたします。

　令和元年9月15日

税理士・不動産鑑定士　松本　好正

■ 目 次 ■

I　民法(相続税法)の改正

1 概要 ··· 2
2 相続税法との関係 ·· 6
3 施行日 ··· 7

II　民法改正に伴う相続税実務への影響

1 配偶者居住権の創設に伴う相続税法の改正 ················· 10
　1　配偶者(短期)居住権とは ··· 10
　　Q1　配偶者居住権とは ·· 13
　　Q2　配偶者居住権の成立要件(1) ··· 14
　　Q3　配偶者居住権の成立要件(2) ··· 15
　　Q4　配偶者居住権の成立要件(3) ··· 17
　　Q5　配偶者居住権の成立のための遺産分割協議書及び遺言 ······· 18
　　Q6　配偶者居住権の登記 ·· 21
　　Q7　配偶者短期居住権 ·· 22
　2　配偶者居住権の評価 ·· 26
　　(1)　法定評価 ·· 26
　　(2)　法定評価とされた理由 ··· 26
　　(3)　評価方法の基本的な考え方 ·· 28
　　(4)　具体的な評価方法 ·· 29
　　Q8　配偶者居住権が設定された場合の評価の対象 ························ 41

Q9	配偶者居住権の目的となっている建物の時価	43
Q10	居住建物の状況に応じた固定資産税評価額が付されていない場合	44
Q11	居住建物の一部を賃貸していた場合の建物の時価	46
Q12	居住建物を共有していた場合の建物の時価	47
Q13	居住建物が共有でかつ一部賃貸されていた場合の建物の時価	48
Q14	耐用年数	49
Q15	経過年数(1)	51
Q16	経過年数(2)	52
Q17	存続年数	53
Q18	存続年数の計算	55
Q19	存続年数が残存年数を超えている場合	56
Q20	複利現価率	57
Q21	配偶者居住権の設定時期が相続開始時期と異なるとき	58

3 配偶者居住権に基づき居住建物の敷地を使用する権利の評価 ... 60

Q22	配偶者居住権に基づき居住建物の敷地を使用する権利の価額(一般)	63
Q23	配偶者居住権に基づき居住建物の敷地を使用する権利の価額(一部を貸し付けていた場合)	64
Q24	配偶者居住権に基づき居住建物の敷地を使用する権利の価額(共有の場合)	66
Q25	配偶者居住権に基づき土地を使用する権利の価額(一部賃貸で共有の場合)	68

4 配偶者居住権が設定されている居住建物の所有権の評価 ... 70

Q26	配偶者居住権が設定されている建物の所有権の価額	71

5 配偶者居住権が設定されている居住建物の敷地の所有権の評価 ... 74

Q27	配偶者居住権が設定されている居住建物の敷地の所有権の価額	75

- 6 物納の取扱い ……………………………………………… 78
- 7 配偶者居住権に関する課税関係 ………………………… 80
  - (1) 配偶者居住権の設定後、関係者が死亡した場合(二次相続) ……… 80
  - (2) 存続期間の中途で合意解除、放棄等があった場合 ………… 82
  - (3) 適用関係 ……………………………………………… 84
  - (4) 小規模宅地等の課税価格の計算の特例 ………………… 84
    - Q28 配偶者居住権が消滅した場合の非課税の理由 ………… 87
    - Q29 民法で定める配偶者居住権の消滅事由 ……………… 88
    - Q30 配偶者居住権が設定された土地等の小規模宅地の適用面積 ……………………………………………… 90
    - Q31 配偶者居住権と小規模宅地の特例 …………………… 92
    - Q32 配偶者居住権が設定された場合の家屋及び敷地の評価・小規模宅地の特例(存続年数が残存耐用年数以内にある場合) … 93
    - Q33 配偶者居住権が設定された場合の家屋及び敷地の評価・小規模宅地の特例(存続年数が残存耐用年数を超える場合) …… 96
    - Q34 配偶者居住権の価額を鑑定評価で算定した場合 ……… 99
    - Q35 鑑定評価上の配偶者居住権の考え方 ………………… 100
    - Q36 配偶者居住権を利用すべきかどうか ………………… 102
    - Q37 配偶者居住権及びその目的となっている建物等の評価のまとめ ……………………………………………… 104

2 遺留分制度に関する見直し ………………………………… 106

- 1 遺留分制度の見直しの概要 ………………………………… 106
- 2 相続税の課税関係 …………………………………………… 109
- 3 適用関係 ……………………………………………………… 111
  - Q38 遺留分侵害額の請求に基づき支払うべき金額が確定したとき ……………………………………………………… 112

❸ 特別寄与料の創設 …………………………………………… 114
1 特別寄与料の概要 ……………………………………………… 114
2 相続税の課税関係 ……………………………………………… 117
(1) 特別寄与者（特別寄与料を受領した者）に対する課税 ………… 117
(2) 特別寄与料を支払った相続人に対する課税 ………………… 119
(3) 申告期限までに特別寄与料の支払が確定しなかった場合 …… 120
3 適用関係 ………………………………………………………… 121
> Q39 寄与分と特別寄与の相違点 ………………………………… 122
> Q40 特別寄与料の計算 …………………………………………… 125
> Q41 寄与分の計算 ………………………………………………… 127
> Q42 特別寄与者が制限納税義務者だった場合 ………………… 130

❹ 遺産分割等に関する見直し ………………………………… 131
1 持戻し免除制度 ………………………………………………… 131
2 持戻し免除の意思表示の推定規定の創設 …………………… 132
3 贈与税の課税関係 ……………………………………………… 135
(1) 贈与税の配偶者控除 …………………………………………… 135
(2) 相続税法と民法との持戻し計算の相違 ……………………… 135
(3) 贈与加算の対象外 ……………………………………………… 137
> Q43 持戻し免除の意思表示があった場合の遺産分割と相続税の申告
> ……………………………………………………………………… 139

❺ 民法（成年年齢）関係に伴う改正 ………………………… 141
1 成年年齢見直しの内容 ………………………………………… 141
2 成年年齢改正により影響を受ける税法の規定 …………… 142
(1) 相続税法 ………………………………………………………… 142
(2) 租税特別措置法 ………………………………………………… 142

3　適用関係 ……………………………………………………… 143
  (1)　未成年者控除 ……………………………………………… 143
  (2)　相続時精算課税適用者の要件 …………………………… 143
  ▎Q44　未成年者控除額の計算 ………………………………… 144

巻末資料

1　民法 ………………………………………………………………… 148
2　相続税法関係 …………………………………………………… 156
  (1)　相続税法 …………………………………………………… 156
  (2)　相続税法施行令 …………………………………………… 165
  (3)　相続税法施行規則 ………………………………………… 168

I 民法(相続税法)の改正

Ⅰ　民法（相続税法）の改正

1 概要

　平成30年7月6日、「民法及び家事事件手続の一部を改正する法律」及び「法務局における遺言書の保管等に関する法律」が参議院で可決成立し、7月13日に公布されました。民法のうち、相続について規定した部分を「相続法」といいますが、相続法は、昭和55年に改正されて以来、大きな見直しは行われていませんでした（最近の改正では平成25年9月に非嫡出子の相続分を嫡出子の1/2とする民法第900条第4号のただし書きの規定が違憲である旨の最高裁の決定があったことを受けて、同年12月に改正があり、同規定が削除され非嫡出子の相続分が嫡出子の相続分と同じになりました。）。

　この民法等の改正では、高齢化社会の進展や家族の在り方に関する国民意識の変化等に鑑み夫婦の一方が亡くなった場合における残された配偶者の生活に配慮する等の観点から配偶者居住権を保護する方策が盛り込まれたほか、遺産分割等に関する見直し、自筆証書遺言の方式を緩和、遺留分減殺請求権の金銭債権化等、特別寄与制度の創設など多岐にわたっております（詳細は、次ページ以降参照）。

　なお、平成30年の民法の改正は単なる相続法等の改正にとどまらず、これに関連する相続税実務にも大きく影響を及ぼします。

　本書では、これら相続法等の改正に関連して直接又は間接に影響を及ぼす相続税法等の事項にスポットを充てて順次説明していきます。

〔改正の主な点〕

1	配偶者の居住権を保護するための配偶者居住権の創設等
	(1) 配偶者短期居住権の新設(新設：民法1037条〜1041条) 　配偶者が相続開始時に被相続人の遺産に属する建物に居住していた場合には、遺産分割が終了するまでの間、無償でその居住建物を使用できるようにする。 (2) 配偶者居住権の新設(新設：民法1028条〜1036条) 　配偶者の居住建物を対象として、終身又は一定期間、配偶者にその使用を認める法定の権利を創設し、遺産分割等における選択肢の一つとして、配偶者に配偶者居住権を取得させることができるようにする。
2	遺産分割等に関する見直し
	(1) 配偶者保護のための方策(持戻し免除の意思表示推定規定)(新設：民法903条④) 　婚姻期間が20年以上の夫婦間で、居住用不動産の遺贈又は贈与がされたときは、持戻しの免除の意思表示があったものと推定し、被相続人の意思を尊重した遺産分割ができるようにする。 (2) 仮払制度等の創設及び要件の明確化(新設：民法909条の2) 　被相続人の遺産に属する預貯金債権について、生活費や葬儀費用の支払、相続債務の弁済などの資金需要に対応できるよう、遺産分割前にも払戻しが受けられる制度を創設する。 (3) 遺産分割前に遺産に属する財産を処分した場合の遺産の範囲(新設：民法906条の2) 　相続開始後に共同相続人の一人が遺産に属する財産を処分した場合に、計算上生ずる不公平を是正する方策を設ける。

3	**遺言制度に関する見直し**
	(1) 自筆証書遺言の方式緩和（新設：民法968条） 　自筆でない財産目録を添付して自筆証書遺言を作成できるようにする。 (2) 遺言執行者の権限の明確化（新設：民法1007条、1012条～1016条関係） (3) 公的機関（法務局）における自筆証書遺言の保管制度の創設（新設：法務局における遺言書の保管等に関する法律）
4	**遺留分制度に関する見直し**
	遺留分減殺請求権の行使によって当然に物権的効果が生ずるとされている現行の規律を見直し、遺留分権の行使によって遺留分侵害額に相当する金銭債権が生ずるものとしつつ、金銭等を直ちに準備できない受遺者等の請求により裁判所が金銭債務の全部又は一部の支払につき期限を許与することができるようにする（新設：民法1042条～1049条）。
5	**相続の効力等に関する見直し**
	相続させる旨の遺言等により承継された財産については、登記等の対抗要件なくして第三者に対抗することができるとされていた現行法の規律を見直し、法定相続分を超える権利の承継については、対抗要件を備えなければ第三者に対抗することができないようにする（新設：民法899条の2）。

6	相続人以外の特別寄与権の創設に伴う改正

　相続人以外の被相続人の親族が、被相続人の療養看護等を行った場合には、一定の要件のもとで、相続人に対して金銭の請求をすることができる制度（特別寄与料）を創設する（新設：民法1050条）。

　特別寄与制度の創設に伴い、家庭裁判所における手続規定（管轄等）を設ける（新設：家事事件手続法216条の2〜216条の5）。

I 民法（相続税法）の改正

2 相続税法との関係

　前記**1**の改正事由のうち、特に１の配偶者居住権の創設、２の遺産分割等に関する見直し（持戻し免除の意思表示の推定）、４の遺留分制度に関する見直し、６の相続人以外の特別寄与権創設に伴う改正については、相続税制にも影響を与えるものであり、令和元年度の税制改正では、これらの民法改正に対応した相続税法等の改正が行われました。

　特に新たに創設された配偶者居住権は、当該権利が相続税の対象となるだけでなく設定された家屋及び土地等の評価額にも影響を及ぼすことから、それを設定するか否かにより各人の相続税額が変わってきます。

　また、配偶者居住権が設定された場合には、将来、配偶者が亡くなったとき、配偶者居住権も自然消滅するとされたことから、節税としての効果も有します。

　したがって、相続人間の争いがなくても配偶者居住権を設定することにより節税につながる可能性がありますので、相続税に携わる税理士は、この制度を理解しておく必要があります。

　また、前記**1**の４の遺留分制度に関する見直し及び６の特別寄与権の創設に伴う改正は、相続税申告後の相続税法第32条《更正の請求の特例》に関連することが多いので、その手続と期限及び請求しない場合の取扱いについて理解しておく必要があります。

　最後に民法の成年年齢の引下げに伴う相続税法等の年齢要件の見直し（未成年者控除、相続時精算課税適用者要件、措置法で規定する適用要件）についても確認したいと思います。

3 施行日

　前記**1**の改正は、原則として、令和元年7月1日に施行され、同日以後に開始する相続について適用されます。
　ただし、前記**1**の3の遺言制度に関する見直しのうち(1)自筆証書遺言の方式緩和は平成31年1月13日から施行されています。
　また、前記**1**の1の配偶者の居住権を保護するための方策(配偶者短期居住権及び配偶者居住権の新設)は、令和2年4月1日以後に開始する相続から、3の遺言制度に関する見直しのうち(3)法務局における自筆証書遺言保管制度の創設は、令和2年7月10日から、それぞれ施行される予定です(民法及び家事事件手続法の一部を改正する法律附則1・2、法務局における遺言書の保管等に関する法律)。

法令等	施行日
下記以外	令和元年7月1日
自筆証書遺言の方式緩和	平成31年1月13日
配偶者短期居住権及び配偶者居住権の新設	令和2年4月1日
公的機関(法務局)における自筆証書遺言の保管制度の創設	令和2年7月10日

I　民法（相続税法）の改正

経過措置について

1　原則
相続開始時を基準とする旧法主義を採用（改正法は施行日後に開始した相続について適用され、施行日前に開始した相続については、旧法が適用される）。

2　例外
以下の規律については、原則と異なる経過措置が置かれている。
①権利の承継の対抗要件、②夫婦間における居住用不動産の贈与等、③遺産の分割前における預貯金債権の行使、④自筆証書遺言の方式緩和、⑤配偶者の居住の権利に関する規律など

例外について

① 権利の承継の対抗要件（法附則第3条）
受益相続人による通知を認める特例（第899条の2）については、**施行日前に開始した相続について遺産分割により承継が行われる場合について、適用する**。

② 夫婦間における居住用不動産の贈与等（法附則第4条）
新法の規定（第903条第4項）については、**施行日後に行われた贈与等について適用する**（相続開始が施行日以後であっても、施行日前にされた贈与等については適用されない。）。

③ 遺産分割前の預貯金の払戻し制度（法附則第5条）
新法主義を採用（相続開始が施行日前であっても適用）
※なお、家事事件手続法第200条第3項の規律については、明文の規定はないが、当然に新法適用（法附則第2条の適用はない。）

④ 自筆証書遺言の方式緩和（法附則第6条）
新法の規定（第968条）については、**施行日後に作成された遺言について適用する**（相続開始が施行日以後であっても、施行日前に作成された遺言については適用されない。）。

⑤ 配偶者の居住の権利（法附則第10条）
施行日前にされた配偶者居住権の遺贈は無効とする。

（出典：法務省ホームページを基に作成）

Ⅱ 民法改正に伴う相続税実務への影響

1 配偶者居住権の創設に伴う相続税法の改正

1 配偶者(短期)居住権とは

　改正前の民法の規定によれば、遺産分割に際し、被相続人の配偶者が安定的に住居を確保するためには、被相続人が有していた家屋(以下「居住建物」といいます。)の所有権を取得する必要がありました(他の方法として、居住建物の所有権を相続した他の相続人と賃貸借契約を締結することも考えられますが、金銭的負担が生じるほか、そもそも契約を締結できないことも想定されます。)。

　また、仮に配偶者が居住建物の所有権を取得したとしても、遺産の構成によってはそれを取得しただけで相続分に達し、遺産分割協議によっては金融資産など他の財産を取得できなくなり、住居は確保したものの老後の生活に苦慮する事態となることもありえます。

　そこで、配偶者の居住及び老後生活の安定を図ることを目的として配偶者の生存中は居住建物に無償で居住できる権利(配偶者居住権)が創設されました。

　あわせて、配偶者が相続開始時に被相続人が所有していた建物(居住建物)に住んでいた場合には、一定期間その居住建物を無償で使用できる権利(配偶者短期居住権)も創設されています。

　配偶者居住権の創設によって、他の相続人が相続により居住建物の所有権を取得したとしても、配偶者が配偶者居住権を取得することにより、配偶者の住居が確保され、かつ、他に金融資産も相続することができるため、老後の生活を安定させることが可能になります。

　一方で、他の相続人も相続により取得する金融資産の額は少なくなるものの、居住建物の所有権は確保されており、配偶者死亡後、配偶者に

別の相続人がいた場合でも居住建物が相続されることなく、最終的に居住建物の所有者が使用収益できることとなります。

なお、配偶者居住権は、配偶者が被相続人の所有する建物に相続開始時に居住していたことを前提として、遺産分割協議のほか、遺言又は家庭裁判所の審判によっても設定することができます(民法1028①、1029)。

新たに創設された配偶者居住権の特徴は、次のとおりです。

〔存続期間〕

配偶者居住権の存続期間は、原則として配偶者の終身の間とされていますが、遺産分割協議若しくは遺言などにより別の期間を定めることもできます(民法1030)。

〔使用収益〕

配偶者は、善良な管理者の注意をもって居住建物の使用収益をしなければならないこととされています。なお、居住の用に供していなかった部分についても、居住建物の所有者の承諾を得ることなく居住の用に供することができます(民法1032①)。

また、居住建物の所有者の承諾を得なければ居住建物の改築、増築又は第三者に居住建物を使用収益させることはできません(民法1032③)。

〔譲渡等〕

配偶者居住権を譲渡することはできません(民法1032②)。

〔解除〕

配偶者が善良な管理者の注意をもって使用収益しなかった場合や居住建物の所有者の承諾なくして配偶者が増改築等を行ったときは、所有者は、相当の期間を定めて是正の催告を行い、その期間内に是正されなかったときは、配偶者居住権を消滅させることができます(民法1032④)。

また、期間満了前に配偶者が亡くなると権利は消滅します。

なお、配偶者居住権の合意解除、放棄は可能であると解されています。

Ⅱ　民法改正に伴う相続税実務への影響

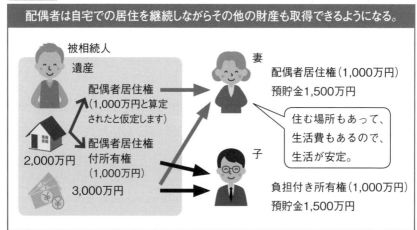

(出典：法務省パンフレット「相続に関するルールが大きく変わります」を基に一部加筆)

Q1　配偶者居住権とは

平成30年の民法改正によって創設された配偶者居住権は、配偶者の居住及び老後生活の安定を図ることを目的として創設されたと聞きました。

例えば、遺産分割協議書において居住家屋は配偶者が相続等により取得すると合意した場合でも居住家屋に配偶者居住権を設定する意味はありますか。

▶ Answer

配偶者居住権とは、被相続人の配偶者が相続開始時に被相続人が所有する家屋に住んでいた場合において、相続開始後その家屋を他の相続人等が取得する場合でも、配偶者が引き続き無償で終身の間居住したり第三者に貸し付けたりすること（但し、貸し付ける場合には建物を取得した相続人の承諾が必要です。）ができる権利です。

ご質問のように、被相続人が所有していた家屋（配偶者も居住）を配偶者が相続等により取得することが分割協議で決まった場合には、配偶者は、将来の生活資金も考慮した上で遺産分割協議の内容について合意したと考えることができるので、配偶者の居住及び老後生活の安定が図られていると考えることができます。

したがって、配偶者が取得する居住家屋に更に配偶者居住権を設定することはできません（条文上も認められません。）。

仮に、遺産分割協議の際に他の相続人から「居住家屋を取得するならば代償金を支払えとか、金銭等の取り分を少なくする。」といったことを言われ、配偶者の老後の生活に不安を覚えるようであれば居住家屋を相続することはあきらめ、配偶者居住権を設定し、将来における居住場所及び生活資金の確保を図ることが相当と考えます。

Q2　配偶者居住権の成立要件（1）

配偶者居住権とは、配偶者が被相続人の相続開始時に居住していた同人所有の建物について終身又は一定期間、無償で使用及び収益することができる権利をいいますが、成立要件を教えてください。

▶Answer

配偶者が配偶者居住権を取得するための主な要件は次のとおりです。

(1) 配偶者は、被相続人が所有する建物に、相続開始時において居住している必要があります。

　　この要件は、例えば、配偶者が亡くなった夫（被相続人）が所有する建物に居住していたことを要件とするもので、被相続人との同居が要件とされているわけではありません。

(2) 次のいずれかに該当するとき

①	遺産分割協議により配偶者が配偶者居住権を取得するものとされたとき
②	配偶者居住権が遺贈又は死因贈与(注)の目的とされたとき
③	（上記①又は②以外の方法として）分割協議が整わない場合において家庭裁判所の審判により配偶者居住権を取得するとされたとき

> (注) 死因贈与
> 　民法554条《死因贈与》において、「贈与者の死亡によって効力を生ずる贈与については、その性質に反しない限り、遺贈に関する規定を準用する。」と規定されていることから当然「死因贈与」も含まれます。

Q3　配偶者居住権の成立要件（2）

配偶者居住権は、被相続人の相続開始時において居住建物を配偶者以外の者（例えば、被相続人の長男）と共有していた場合においても成立しますか。また、相続開始時において居住建物を被相続人、配偶者及び長男で各1／3共有していたようなケースはどうでしょうか。

▶ Answer

　配偶者居住権について規定した民法第1028条を確認しますと、ただし書きにおいて「被相続人が相続開始の時に居住建物を配偶者以外の者と共有していた場合にあってはこの限りでない。」と規定しています。

　したがって、ご質問のように配偶者以外の者が一人でも居住建物の共有者に入っていればその居住建物に配偶者居住権は成立しません。

　この要件は相続開始時において、居住建物を被相続人と配偶者以外の者と共有していた場合、配偶者居住権の成立は認められないというもので、仮に共有者が配偶者だけだった場合には配偶者居住権の成立は認められます（共有者が配偶者だけだった場合には、配偶者居住権を取得しなくても民法第249条《共有物の使用》において共有分の全て、本件で言えば居住建物の全てについて持分に応じた使用ができるので、配偶者居住権の成立を認めなくても居住に係る権利は保護されると考えられます。）。

　前記で配偶者が共有者だけであれば敢えて配偶者居住権を成立させる必要はないという考え方について述べましたが、被相続人の共有持分を他の相続人が取得した場合、他の相続人から賃料請求及び共有物分割請求がされるおそれもあるため配偶者居住権の設定は必要となります。

　一方で、被相続人の相続開始直前において、居住建物を被相続人と配偶者以外の者と共有していた場合には配偶者居住権は成立しません

が、それは、配偶者以外の者(共有者)の共有持分に配偶者居住権を成立させる理由がないからです。

> **(注)共有持分**
> 「共有持分」については、民法第249条により「各共有者は共有物の全部について、その持分に応じた使用をすることができる。」と規定されているため配偶者の居住権はとりあえず確保されます。

Q4　配偶者居住権の成立要件（3）

民法第1028条《配偶者居住権》第2項では「居住建物が配偶者の財産に属することになった場合でも、他の者が共有持分を有するときは配偶者居住権は消滅しない」と規定していますが、具体例を教えてください。

▶ **Answer**

ご質問の具体例としては、次のようなケースが考えられます。

被相続人が所有していた居住建物について、相続人である配偶者（母）及び子供2人（甲及び乙）が遺産分割協議を行い居住建物は子供2人の共有（各1/2）とし、その家屋に配偶者（母）のために配偶者居住権を設定するという内容で合意したと仮定します。

そして、分割協議成立後、2人の子供の共有持分のうち甲の居住家屋の持分（1/2）を配偶者（母）が何らかの事由（売買、相続、贈与など）により取得することになったような場合でも、未だ共有者である乙の持分が存続していますので配偶者居住権は消滅しないまま存続します。

なお、配偶者（母）が甲及び乙が所有している居住建物の共有持分を全て取得した場合には、配偶者居住権を存続させる理由がないため（配偶者居住権がなくても、配偶者は居住家屋の所有権を所有することになりそこに住んでいられる）消滅することになります。

Q5 配偶者居住権の成立のための遺産分割協議書及び遺言

配偶者居住権は、遺産分割協議及び被相続人の遺言によって設定することができますが、遺産分割協議及び遺言の書き方を教えてください。

▶ **Answer**

配偶者居住権は自然に生じるものではなく、相続開始後、居住建物について相続人間で遺産分割協議が成立した場合及び被相続人からの遺贈等により権利が生じます。このほか家庭裁判所の審判によっても成立しますが、ご質問とは関係がないのでここでは省略します。

ご質問の遺産分割協議書及び遺言の記載例は、次のとおりです。

〔遺産分割協議書の記載例〕

遺産分割協議書

令和2年12月17日に相続が開始した被相続人 藤 太郎 の遺産相続につき、被相続人の妻 藤 敬子(以下「甲」という)、長男 藤 一郎(以下「乙」という)及び長女 藤 あや美(以下「丙」という)の相続人全員で分割協議を行い、本日下記のとおり遺産分割協議が成立した。

なお、配偶者居住権の存続期間は、設定時から20年間とする。

1. 下記の遺産について、乙はその所有権を取得し、甲は配偶者居住権を取得する。
   (1) **土地**
      所　　在　東京都目黒区中目黒七丁目
      地　　番　12番11

　　　　地　　目　　宅地
　　　　地　　積　　125.80㎡
　(2)　家屋
　　　　所　　在　　東京都目黒区中目黒七丁目
　　　　家屋番号　　12番11
　　　　種　　類　　居宅
　　　　構　　造　　木造瓦葺2階建
　　　　床面積　　　1階部分　68㎡
　　　　　　　　　　2階部分　61㎡

令和3年2月10日
　（相続人）　藤　敬子　㊞
　（住　所）　東京都目黒区中目黒7-12-11
　（相続人）　藤　一郎　㊞
　（住　所）　東京都港区六本木8-5-8
　（相続人）　藤　あや美　㊞
　（住　所）　東京都千代田区麹町7-3-8

〔遺言書の記載例〕

遺　言　書

　遺言者は、遺言者の下記の不動産を遺言者の長男　伊東　五朗（東京都港区赤坂10-9-10、昭和46年5月10日生）に相続させ、当該不動産の配偶者居住権を妻　伊東　ゆかり（東京都渋谷区富ヶ谷3-3-5、昭和18年3月15日生）に取得させる。
　なお、配偶者居住権の存続期間は、贈与の日から25年間とする。
1　土地
　所　　在　　東京都渋谷区富ヶ谷三丁目3番5

地　　目　宅地
地　　積　210㎡
2　家屋
所　　在　東京都渋谷区富ヶ谷三丁目3番地
家屋番号　3番5
種　　類　居宅
構　　造　木造スレート葺2階建
床面積　1階　125㎡
　　　　2階　60㎡

令和3年1月15日
　（遺言者）　伊東　博吉　㊞
　（住　所）　東京都渋谷区富ヶ谷3-3-5

Q6　配偶者居住権の登記

配偶者居住権は登記しなければいけませんか。

▶Answer

　配偶者居住権が成立した場合には原則として、配偶者は終身の間、それまで住んでいた家屋に従前どおり無償で居住することができます。

　そして、居住建物の所有権が配偶者に帰属することになった場合でもその建物の所有権を他の者が共有している場合には、配偶者居住権は消滅しません。

　配偶者居住権について規定した民法第1028条及び第1029条では配偶者居住権は、遺産分割協議の成立、遺言及び家庭裁判所の審判などによって成立するとのみ規定しており、登記することが必須要件ではありません。

　しかし、配偶者が配偶者居住権を設定した居住建物にその旨の登記をしないとその居住建物について物権(所有権、地上権、抵当権など)を取得したその他の第三者に対抗することはできません。また、居住建物の占有を第三者が妨害している場合やその居住建物を第三者が占有している場合には配偶者居住権の登記をすることにより、それぞれ妨害停止請求権や返還請求権を行使できますが、登記をしていないとこれらの権利も主張できません。したがって、配偶者居住権を取得する際の登記は必要と考えます。

　また、具体的な登記手続については、譲渡等の場合と同様に居住建物の所有者が登記義務者になり、配偶者居住権を取得した配偶者が登記権利者となって、共同で申請することになりますが、民法第1031条《配偶者居住権の登記等》では、「居住建物の所有者は、配偶者(配偶者居住権を取得した配偶者に限る。)に対し、配偶者居住権の設定の登記を備えさせる義務を負う。」と規定しています。このことからも登記が必要であることがわかります。

Ⅱ　民法改正に伴う相続税実務への影響

Q7　配偶者短期居住権

平成30年7月の民法改正では、高齢配偶者保護の見地から配偶者居住権と合わせて配偶者短期居住権も創設されました。この配偶者短期居住権について詳しく教えてください。

▶ Answer

改正前の民法では、被相続人が亡くなる前に被相続人が所有していた建物に配偶者が居住していた場合には、原則として、被相続人と配偶者の間で当該建物について使用賃借契約が成立していたと推認すると考えられていました。

しかし、この法理では居住していた配偶者が居住建物を失うことになる可能性がありました。

例えば、被相続人が居住建物を第三者に遺贈する場合や被相続人が遺言で配偶者の居住について反対の意思表示をしている場合などは、配偶者の居住の権利が使用貸借であるため配偶者が保護されない結果になっていました（その居住建物は、第三者の所有になるので配偶者

最判平成8年12月17日の判例法理

配偶者が、相続開始時に被相続人の建物に居住していた場合には、原則として、被相続人と配偶者との間で使用貸借契約が成立していたと推認する。

使用賃借契約の成立を推認

判例法理では、配偶者の保護に欠ける場合がある。
・第三者に居住建物が遺贈されてしまった場合
・被相続人が反対の意思を表示した場合
　→　使用貸借が推認されず、居住が保護されない。

（出典：法務省ホームページ「配偶者短期居住権について（PDF）」を基に一部加筆）

が居住していても立ち退きを余儀なくされる)。

創設された配偶者短期居住権とは、配偶者が被相続人の相続開始時において被相続人が所有していた建物に無償で居住していた場合には、配偶者がそのまま一定の期間(最低でも6ヶ月間)、その居住建物を無償で使用することができる権利のことをいいます。

一定の期間とは、居住建物について遺産分割協議をするか否かにより次のように期間が異なります。

適用ケース	配偶者短期居住権の存続期間
居住建物について配偶者を含む共同相続人間で分割をする場合	次のいずれか遅い日までの期間 ・分割協議の成立により、居住建物の帰属が確定した日 ・相続開始日から6ヶ月を経過する日
上記以外(被相続人の遺贈等により居住建物を取得した場合や配偶者が相続放棄した場合)	居住建物を取得した者は「配偶者短期居住権の消滅請求」を申入れることができ、この日から6ヶ月を経過するまでの間

新たに創設された配偶者短期居住権の特徴の主なものは居住期間ですがそれ以外の点は次のとおりです。

〔成立が認められない場合〕

配偶者が相続開始時に居住建物に係る配偶者居住権を取得したとき、又は民法第891条《相続人の欠格事由》に該当し若しくは廃除(民法892、893)によってその相続権を失ったときは、配偶者短期居住権は成立しません。

〔使用収益〕

居住建物の所有者は、第三者に対する居住建物の譲渡その他の方法により配偶者の居住建物の使用を妨げてはなりません。

〔消滅等〕

居住建物の所有者は、居住建物に係る遺産分割をすべき場合(6ヶ

月間)を除くほか、いつでも配偶者短期居住権の消滅の申入れをすることができます。

〔財産性〕

配偶者短期居住権は、配偶者の当面の居住利益を確保することが制度の趣旨であるため、「収益」することはできません。また、期間も短期間であり、家賃相当額が免除されると言っても、配偶者だけに与えられるもので普遍性はありません。したがって、財産価値がないと認められるので相続税の課税対象とはなりえません。

また、配偶者短期居住権は、配偶者が一定期間無償で建物を使用することができるため、経済的利益を受けることになりますが、民法の規定により配偶者が短期的に保護されるのであり、また、一定期間無償でその家屋に居住することができますが生活費の援助とも考えられることから贈与税の課税対象にもならないと考えます。

(参考・民法)

> 第1037条《配偶者短期居住権》
>
> 配偶者は、被相続人の財産に属した建物に相続開始の時に無償で居住していた場合には、次の各号に掲げる区分に応じてそれぞれ当該各号に定める日までの間、その居住していた建物(以下この節において「居住建物」という。)の所有権を相続又は遺贈により取得した者(以下この節において「居住建物取得者」という。)に対し、居住建物について無償で使用する権利(居住建物の一部のみを無償で使用していた場合にあっては、その部分について無償で使用する権利。以下この節において「配偶者短期居住権」という。)を有する。ただし、配偶者が、相続開始の時において居住建物に係る配偶者居住権を取得したとき、又は第891条の規定に該当し若しくは廃除によってその相続権を失ったときは、この限りでない。
>
> 一 居住建物について配偶者を含む共同相続人間で遺産の分割をす

べき場合　遺産の分割により居住建物の帰属が確定した日又は相続開始の時から6箇月を経過する日のいずれか遅い日
　二　前号に掲げる場合以外の場合　第3項の申入れの日から6箇月を経過する日
2　前項本文の場合においては、居住建物取得者は、第三者に対する居住建物の譲渡その他の方法により配偶者の居住建物の使用を妨げてはならない。
3　居住建物取得者は、第1項第1号に掲げる場合を除くほか、いつでも配偶者短期居住権の消滅の申入れをすることができる。

2 配偶者居住権の評価

(1) 法定評価

前記1の配偶者居住権とは、配偶者が被相続人の遺産である建物を被相続人の相続開始後も引き続き無償で使用及収益することができる権利をいいますが、その目的は建物にあると考えられます。

また、配偶者居住権は、被相続人の配偶者のために必ず設定されるものではなく、遺産分割協議のほか遺言又は家庭裁判所の審判によって設定されるものですが(民法1028、1029)、設定された配偶者居住権は、相続財産の分割行為である遺産分割等により設定され、具体的な相続分を構成することから相続等により取得した財産として相続税の課税対象になります。その場合の評価の仕方については、下記(2)の理由から相続税法第22条の"時価"によるのではなく、相続税法で別途定める評価方法により算定することとされました(相法23の2)。

また、配偶者居住権のほか、配偶者居住権の目的となっている建物の所有権、配偶者居住権に基づく敷地の使用権及びその敷地の所有権等の評価方法についても法定とされました。

なお、これらのうち、配偶者居住権の目的となっている建物の所有権及び敷地の所有権等は、配偶者居住権そのものとは異なり取引可能な財産ですが、配偶者居住権と表裏一体の関係にあることから同様の理由により法定評価とされています。

(2) 法定評価とされた理由

相続税法は、相続税及び贈与税における財産の評価について、原則として、財産を取得した時における「時価」によって評価することのみを定め(相法22)、具体的な評価方法については専ら国税庁が定める「財産評価基本通達」(以下、「評価通達」といいます。)により評価するとされています(ただし、地上権、定期金に関する権利等の一部の

財産については、相続税法に具体的な評価方法が示されています。)。

　配偶者居住権は、従前から配偶者が居住していた建物を無償で使用・収益することができる権利であり、遺産分割においては具体的相続分を構成することから、一定の財産的価値を有しているものと考えられます。令和元年度の相続税法の改正では、この配偶者居住権の評価について、原則的な「時価」による評価ではなく、地上権等と同様に相続税法による法定評価とされましたがその主な理由は次のとおりです。

イ　相続税法の「時価」とは、それぞれの財産の現況に応じ、不特定多数の当事者間で自由な取引が行われる場合に通常成立すると認められる価額、すなわち、客観的な交換価値をいうものと解されており、取引可能な財産を前提としていますが、配偶者居住権は譲渡することが禁止されているため、それ自体の時価がわかりづらく評価通達に時価の解釈を委ねるには馴染まないと考えられること。

ロ　未だ制度が開始しておらず、配偶者居住権の評価額についての解釈が確立されているとは言えない現状において、時価の解釈に委ねると、どのように評価すれば良いのか納税者が判断するのは困難であると考えられ、また、納税者によって評価方法が別々となり、課税の公平性が確保できなくなるおそれがあること。

ハ　配偶者の余命年数を大幅に超える存続期間を設定して配偶者居住権の評価額を過大に評価し、相続税の配偶者に対する税額軽減の適用を受け配偶者に係る相続税額を少なくし、一方で、他の相続人が取得することにより居住建物の評価額を引き下げる租税回避的な行為を防止するためには、法令の定めによることが適切であると考えられること。

　また、前記(1)で述べたとおり配偶者居住権のほか、配偶者居住権の

目的となっている建物の所有権及び配偶者居住権に基づく敷地の使用権及びその敷地の所有権等についても評価方法が法定とされましたが、このうち建物の所有権及び敷地の所有権等は、配偶者居住権そのものとは異なり取引可能な財産ですが、ロ、ハと同様な理由により法定評価とされています。

なお、相続人間における遺産分割等においては、相続税法の法定評価によらず、例えば、相続人間で合意した価額に基づいて配偶者居住権を設定することも当然ながら可能ですが、相続税の計算においては、法定評価を用いて配偶者居住権等の評価をしなければならず、他の評価方法で申告することは認められません。

(3) 評価方法の基本的な考え方

配偶者居住権とは、配偶者がその存続期間中、従前から居住していた建物を無償で使用・収益することができる権利をいいます。

これをその建物を取得した他の相続人の側から見れば、配偶者居住権が存続する期間中は配偶者による無償の使用・収益を受忍する負担を負い、配偶者居住権の存続期間満了に至って、はじめてその相続人がその建物を自由に使用・収益することができるようになります。

相続税法で定める法定評価は、この点に着目し、まず、存続期間満了時点における建物所有権の価額を算定し、これを一定の割引率により現在価値に割り戻すことにより、相続開始時点における(配偶者居住権付の)建物所有権の評価額を算定します。そして、この価額を配偶者居住権が設定されなかったものとした場合の相続開始時点における建物所有権の評価額から控除することにより、間接的に配偶者居住権価額を求めることとされました(配偶者居住権に基づく敷地の使用権についても同様です。)。

ところで、配偶者居住権は建物を無償で使用・収益する権利であり、配偶者は、建物の賃料に相当する額の利益を受けることになるという

点に着目し、配偶者居住権が存続する期間中に受ける賃料相当額の総額を基礎として配偶者居住権の価額を算定するというアプローチも考えられます。

しかしながら、建物の賃料(家賃)は、所在場所やその構造等によって様々であり、納税者が適正な賃料を算定することは一般に困難を伴うと考えられるため、申告納税制度の下では、簡便性を欠くことになります。そのため、このような賃料をベースとした評価方法は採用されませんでした。

(4) **具体的な評価方法**

配偶者居住権の評価方法について述べると、次のようになります。

まず、配偶者居住権の目的となっている建物(居住建物)の配偶者居住権の存続期間が満了する時点での価額を算出します。建物は、使用又は時の経過により減価するため、存続期間満了時点の価額は、事業用建物の減価償却(定額法)に準じて減価した後の未償却残高に相当する額により計算します。

次に、この未償却残高に相当する額を法定利率による複利計算で現在価値に割り戻すことにより、期間満了時点における建物の相続開始時点における現在価値を算出します。

最後に、相続開始時における配偶者居住権が設定されていないものとした場合の建物の価額から期間満了時における建物の現在価値を控除したものが、配偶者居住権の評価額となります。

| 配偶者居住権の価額 | = | 相続開始時における居住建物の価額 | − | 期間満了時における居住建物の相続開始時における現在価値 |

具体的には、次の算式により算出します(相法23の2①)が、分数の項の分母又は分子が0以下となる場合には、分数の項を0とします(結

果的には、配偶者居住権の価額は、居住建物の時価と一致することになります。)。

(注1) 居住建物の時価

上記算式中の「居住建物の時価」とは、居住建物に配偶者居住権が設定されていないものとした場合のその居住建物の相続開始時における時価をいい、相続税法第22条の時価(評価通達で計算したもの)をいいます。

ただし、次に掲げる場合に該当する場合には、それぞれの区分に応じ、それぞれに定める金額となります(相令5の8①)。

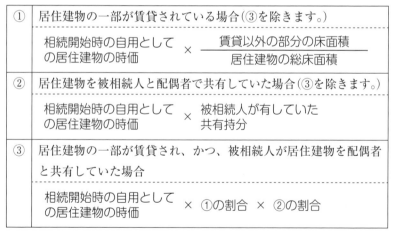

〔按分割合により計算する理由〕

i 居住建物の一部が貸し付けられている場合には、配偶者は相続開始前からその居住建物を賃借している賃借人に権利(配偶者住居権)を主

張することができない(対抗できない)ため、実質的に配偶者居住権に基づく使用・収益をすることができない部分を除外して評価する必要があること。
ⅱ　被相続人の所有権が共有持分である場合には、その所有権の評価額は建物全体の評価額を共有持分で按分した価額となるので、配偶者居住権の評価額についても、共有持分に応じた価額をベースとして算定するのが妥当であると考えられること。

(注2)　耐用年数

　上記算式中の「耐用年数」とは、居住建物の全部が住宅用であるものとした場合におけるその居住建物に係る減価償却資産の耐用年数等に関する省令(以下、「耐用年数省令」といいます。)に定める耐用年数に1.5を乗じて計算した年数(6月以上の端数は1年とし、6月に満たない端数は切り捨てます。)をいいます(相法23の2①二イ、相令5の8②、相規12の2)。

　この算式中の耐用年数を耐用年数省令に定める耐用年数の1.5倍としているのは、耐用年数省令における耐用年数は事業用資産を前提として定められているところ、居住建物は通常は非事業用資産であり、事業用資産よりも耐用年数が長いと考えられることから、所得税の譲渡所得における非事業用資産の取得費の計算に関する規定(所令85)を参考にして、居住建物の耐用年数を設定したものです。

　また、店舗併用住宅など、居住建物に非住宅用の部分がある場合の耐用年数については、用途区分毎に耐用年数を判定する等の方法も考えられますが、評価方法が煩雑となる面もあるため、簡便性の観点から、居住建物の全部が住宅用であるものとして、画一的に耐用年数を定めることとされました。

(参考・建物の耐用年数（一例））

構造・用途	細目	耐用年数
鉄骨鉄筋コンクリート造又は鉄筋コンクリート造のもの	事務所用のもの	50
	住宅用のもの	47
	飲食店用のもの	
	延べ面積のうちに占める木造内装部分の面積が3割を超えるもの	34
	その他のもの	41
れんが造、石造又はブロック造のもの	事務所用のもの	41
	店舗用・住宅用のもの	38
	飲食店用のもの	38
金属造のもの	事務所用のもので、骨格材の肉厚が、	
	4mmを超えるもの	38
	3mmを超え、4mm以下のもの	30
	3mm以下のもの	22
	店舗用・住宅用のもので、骨格材の肉厚が、	
	4mmを超えるもの	34
	3mmを超え、4mm以下のもの	27
	3mm以下のもの	19
	飲食店用のもので、骨格材の肉厚が、	
	4mmを超えるもの	31
	3mmを超え、4mm以下のもの	25
	3mm以下のもの	19
木造又は合成樹脂造のもの	事務所用のもの	24
	店舗用・住宅用のもの	22
	飲食店用のもの	20
木骨モルタル造のもの	事務所用のもの	22
	店舗用・住宅用のもの	20
	飲食店用のもの	19

(注3) 経過年数

上記算式中の「経過年数」とは、居住建物の新築時から配偶者居住権の設定時までの年数（6月以上の端数は1年とし、6月に満たない端数は切り捨てます。）をいいます（相法23の2①二イ）。

なお、遺産分割協議又は審判により配偶者居住権が設定される場合には、配偶者居住権の効力が生じるのは相続開始時よりも後の時点であり、その時点を起算点として配偶者居住権の存続年数が決まると考えられます。

そこで、居住建物の経過年数についても、相続開始時ではなく、配偶者居住権の設定時までの年数でカウントすることとされています。

また、被相続人が生前に増改築をした場合でも、増改築部分を区別することなく、新築時からの経過年数によることになります。

(注4) 存続年数

上記算式中の「存続年数」とは、配偶者居住権が存続する年数をいいますが、具体的には、次に掲げる場合の区分に応じ、それぞれに定める年数（6月以上の端数は1年とし、6月に満たない端数は切り捨てます。）となります（相法23の2①二イ、相令5の8③）。

①	配偶者居住権の存続期間が配偶者の終身の間とされている場合
	配偶者居住権が設定された時の配偶者の平均余命（厚生労働省が男女別、年齢別に作成する完全生命表（次ページ参照）に掲載されている平均余命をいいます（相規12の3）。）
②	①以外の場合
	遺産分割協議・審判又は遺言により定められた配偶者居住権の存続年数。ただし、その年数がその配偶者居住権が設定された時における配偶者の平均余命を超える場合には、その平均余命） すなわち、個別に定めたとしても相続税の計算上は、完全生命表に掲載されている平均余命が上限となります。

Ⅱ　民法改正に伴う相続税実務への影響

第22回

年齢 x	生存数 l_x	死亡数 $_nd_x$	生存率 $_np_x$	死亡率 $_nq_x$	死力 μ_x	定常人口 $_nL_x$	定常人口 T_x	平均余命 $\overset{\circ}{e}_x$
0 週	100 000	69	0.99931	0.00069	0.06764	1 917	8 075 244	80.75
1	99 931	11	0.99989	0.00011	0.01401	1 916	8 073 327	80.79
2	99 920	7	0.99993	0.00007	0.00207	1 916	8 071 411	80.78
3	99 913	6	0.99994	0.00006	0.00320	1 916	8 069 494	80.77
4	99 906	21	0.99978	0.00022	0.00320	8 986	8 067 578	80.75
2 月	99 885	14	0.99986	0.00014	0.00188	8 323	8 058 592	80.68
3	99 871	38	0.99962	0.00038	0.00152	24 963	8 050 269	80.61
6	99 833	34	0.99966	0.00034	0.00131	49 905	8 025 306	80.39
0 年	100 000	202	0.99798	0.00202	0.06764	99 843	8 075 244	80.75
1	99 798	34	0.99966	0.00034	0.00038	99 783	7 975 401	79.92
2	99 765	24	0.99976	0.00024	0.00024	99 753	7 875 618	78.94
3	99 741	16	0.99984	0.00016	0.00019	99 732	7 775 866	77.96
4	99 725	11	0.99988	0.00012	0.00013	99 719	7 676 133	76.97
5	99 714	10	0.99990	0.00010	0.00010	99 709	7 576 414	75.98
6	99 704	10	0.99990	0.00010	0.00010	99 699	7 476 706	74.99
7	99 694	10	0.99990	0.00010	0.00010	99 689	7 377 007	74.00
8	99 684	9	0.99991	0.00009	0.00009	99 680	7 277 318	73.00
9	99 676	8	0.99992	0.00008	0.00008	99 672	7 177 638	72.01
10	99 668	7	0.99993	0.00007	0.00007	99 664	7 077 966	71.02
11	99 661	7	0.99993	0.00007	0.00007	99 657	6 978 302	70.02
12	99 653	8	0.99992	0.00008	0.00008	99 649	6 878 645	69.03
13	99 645	11	0.99989	0.00011	0.00009	99 640	6 778 995	68.03
14	99 635	13	0.99987	0.00013	0.00012	99 628	6 679 355	67.04
15	99 621	17	0.99983	0.00017	0.00015	99 613	6 579 727	66.05
16	99 604	21	0.99979	0.00021	0.00019	99 594	6 480 114	65.06
17	99 583	26	0.99974	0.00026	0.00024	99 570	6 380 520	64.07
18	99 557	32	0.99968	0.00032	0.00029	99 541	6 280 950	63.09
19	99 524	39	0.99961	0.00039	0.00036	99 506	6 181 409	62.11
20	99 486	45	0.99955	0.00045	0.00042	99 464	6 081 903	61.13
21	99 441	49	0.99951	0.00049	0.00047	99 417	5 982 440	60.16
22	99 392	51	0.99949	0.00051	0.00050	99 367	5 883 023	59.19
23	99 341	53	0.99946	0.00054	0.00053	99 315	5 783 656	58.22
24	99 288	55	0.99945	0.00055	0.00054	99 261	5 684 341	57.25
25	99 234	55	0.99945	0.00055	0.00055	99 206	5 585 080	56.28
26	99 179	54	0.99945	0.00055	0.00055	99 151	5 485 874	55.31
27	99 124	54	0.99946	0.00054	0.00055	99 097	5 386 722	54.34
28	99 070	54	0.99945	0.00055	0.00054	99 043	5 287 625	53.37
29	99 016	56	0.99944	0.00056	0.00055	98 989	5 188 582	52.40
30	98 961	57	0.99942	0.00058	0.00057	98 932	5 089 593	51.43
31	98 903	59	0.99940	0.00060	0.00059	98 874	4 990 661	50.46
32	98 844	61	0.99938	0.00062	0.00061	98 814	4 891 787	49.49
33	98 783	65	0.99934	0.00066	0.00064	98 751	4 792 973	48.52
34	98 718	69	0.99930	0.00070	0.00068	98 684	4 694 222	47.55
35	98 649	73	0.99926	0.00074	0.00072	98 613	4 595 538	46.58
36	98 576	75	0.99924	0.00076	0.00075	98 539	4 496 925	45.62
37	98 501	78	0.99920	0.00080	0.00078	98 462	4 398 387	44.65
38	98 423	84	0.99915	0.00085	0.00082	98 381	4 299 925	43.69
39	98 338	93	0.99905	0.00095	0.00090	98 293	4 201 543	42.73
40	98 245	103	0.99895	0.00105	0.00100	98 195	4 103 251	41.77
41	98 142	113	0.99885	0.00115	0.00110	98 086	4 005 056	40.81
42	98 029	122	0.99876	0.00124	0.00120	97 969	3 906 970	39.86
43	97 907	131	0.99866	0.00134	0.00129	97 842	3 809 001	38.90
44	97 776	144	0.99853	0.00147	0.00140	97 705	3 711 159	37.96
45	97 632	159	0.99837	0.00163	0.00155	97 554	3 613 454	37.01
46	97 473	176	0.99819	0.00181	0.00171	97 386	3 515 900	36.07
47	97 297	195	0.99800	0.00200	0.00190	97 201	3 418 514	35.13
48	97 102	215	0.99778	0.00222	0.00211	96 996	3 321 313	34.20
49	96 887	236	0.99757	0.00243	0.00233	96 771	3 224 317	33.28

1 配偶者居住権の創設に伴う相続税法の改正

生命表（男）

年齢 x	生存数 l_x	死亡数 $_nd_x$	生存率 $_np_x$	死亡率 $_nq_x$	死力 μ_x	定常人口 $_nL_x$	定常人口 T_x	平均余命 $\overset{\circ}{e}_x$
50	96 651	257	0.99734	0.00266	0.00255	96 524	3 127 546	32.36
51	96 394	283	0.99707	0.00293	0.00280	96 255	3 031 022	31.44
52	96 111	310	0.99677	0.00323	0.00308	95 958	2 934 767	30.54
53	95 801	340	0.99645	0.00355	0.00339	95 634	2 838 809	29.63
54	95 461	373	0.99609	0.00391	0.00373	95 277	2 743 175	28.74
55	95 088	411	0.99568	0.00432	0.00412	94 886	2 647 898	27.85
56	94 677	450	0.99525	0.00475	0.00454	94 455	2 553 012	26.97
57	94 227	488	0.99482	0.00518	0.00498	93 986	2 458 557	26.09
58	93 739	525	0.99440	0.00560	0.00540	93 480	2 364 571	25.23
59	93 214	568	0.99391	0.00609	0.00585	92 934	2 271 091	24.36
60	92 646	620	0.99331	0.00669	0.00639	92 341	2 178 157	23.51
61	92 026	688	0.99252	0.00748	0.00709	91 688	2 085 816	22.67
62	91 338	764	0.99163	0.00837	0.00795	90 962	1 994 129	21.83
63	90 573	839	0.99074	0.00926	0.00886	90 160	1 903 167	21.01
64	89 734	910	0.98986	0.01014	0.00973	89 286	1 813 007	20.20
65	88 825	994	0.98881	0.01119	0.01070	88 335	1 723 721	19.41
66	87 830	1 081	0.98769	0.01231	0.01182	87 297	1 635 386	18.62
67	86 749	1 166	0.98655	0.01345	0.01295	86 173	1 548 089	17.85
68	85 582	1 256	0.98532	0.01468	0.01415	84 962	1 461 916	17.08
69	84 326	1 349	0.98401	0.01599	0.01543	83 660	1 376 954	16.33
70	82 978	1 450	0.98253	0.01747	0.01684	82 262	1 293 294	15.59
71	81 528	1 561	0.98085	0.01915	0.01846	80 757	1 211 033	14.85
72	79 966	1 675	0.97905	0.02095	0.02025	79 138	1 130 276	14.13
73	78 291	1 776	0.97732	0.02268	0.02205	77 411	1 051 138	13.43
74	76 515	1 885	0.97537	0.02463	0.02388	75 583	973 727	12.73
75	74 631	2 021	0.97293	0.02707	0.02610	73 633	898 144	12.03
76	72 610	2 185	0.96991	0.03009	0.02889	71 533	824 511	11.36
77	70 426	2 377	0.96624	0.03376	0.03233	69 254	752 979	10.69
78	68 048	2 594	0.96188	0.03812	0.03649	66 770	683 725	10.05
79	65 454	2 819	0.95693	0.04307	0.04134	64 063	616 955	9.43
80	62 635	3 046	0.95138	0.04862	0.04680	61 131	552 891	8.83
81	59 589	3 279	0.94498	0.05502	0.05307	57 970	491 760	8.25
82	56 311	3 504	0.93778	0.06222	0.06025	54 577	433 791	7.70
83	52 807	3 712	0.92968	0.07032	0.06839	50 967	379 213	7.18
84	49 094	3 900	0.92055	0.07945	0.07766	47 158	328 246	6.69
85	45 194	4 043	0.91053	0.08947	0.08810	43 181	281 088	6.22
86	41 150	4 116	0.89998	0.10002	0.09941	39 096	237 907	5.78
87	37 034	4 127	0.88856	0.11144	0.11156	34 969	198 811	5.37
88	32 907	4 080	0.87601	0.12399	0.12500	30 861	163 842	4.98
89	28 827	3 973	0.86217	0.13783	0.14002	26 829	132 982	4.61
90	24 854	3 810	0.84671	0.15329	0.15698	22 933	106 153	4.27
91	21 044	3 580	0.82990	0.17010	0.17602	19 233	83 220	3.95
92	17 465	3 302	0.81095	0.18905	0.19751	15 788	63 987	3.66
93	14 163	2 967	0.79047	0.20953	0.22205	12 649	48 199	3.40
94	11 195	2 567	0.77068	0.22932	0.24801	9 876	35 550	3.18
95	8 628	2 123	0.75399	0.24601	0.27055	7 530	25 674	2.98
96	6 506	1 718	0.73592	0.26408	0.29434	5 614	18 144	2.79
97	4 788	1 352	0.71757	0.28243	0.31910	4 083	12 529	2.62
98	3 435	1 034	0.69896	0.30104	0.34485	2 894	8 447	2.46
99	2 401	768	0.68011	0.31989	0.37165	1 997	5 553	2.31
100	1 633	554	0.66104	0.33896	0.39954	1 340	3 556	2.18
101	1 080	387	0.64176	0.35824	0.42855	874	2 215	2.05
102	693	262	0.62229	0.37771	0.45874	553	1 341	1.94
103	431	171	0.60267	0.39733	0.49015	339	788	1.83
104	260	108	0.58291	0.41709	0.52284	201	449	1.73
105	151	66	0.56303	0.43697	0.55684	116	247	1.63
106	85	39	0.54307	0.45693	0.59223	64	132	1.55
107	46	22	0.52305	0.47695	0.62905	34	68	1.46
108	24	12	0.50301	0.49699	0.66736	18	34	1.39
109	12	6	0.48296	0.51704	0.70722	9	16	1.32
110	6	3	0.46295	0.53705	0.74869	4	7	1.25
111	3	2	0.44302	0.55698	0.79185	2	3	1.19
112	1	1	0.42318	0.57682	0.83675	1	1	1.13

35

Ⅱ 民法改正に伴う相続税実務への影響

第22回

年齢 x	生存数 l_x	死亡数 $_nd_x$	生存率 $_np_x$	死亡率 $_nq_x$	死力 μ_x	定常人口 $_nL_x$	定常人口 T_x	平均余命 $\overset{\circ}{e}_x$
0 週	100 000	63	0.99937	0.00063	0.05782	1 917	8 698 726	86.99
1	99 937	12	0.99988	0.00012	0.01422	1 916	8 696 809	87.02
2	99 925	5	0.99995	0.00005	0.00209	1 916	8 694 893	87.01
3	99 921	6	0.99994	0.00006	0.00232	1 916	8 692 976	87.00
4	99 914	19	0.99981	0.00019	0.00344	8 987	8 691 060	86.99
2 月	99 895	14	0.99986	0.00014	0.00164	8 324	8 682 074	86.91
3	99 881	29	0.99971	0.00029	0.00151	24 966	8 673 749	86.84
6	99 853	31	0.99969	0.00031	0.00085	49 918	8 648 783	86.62
0 年	100 000	178	0.99822	0.00178	0.05782	99 861	8 698 726	86.99
1	99 822	32	0.99968	0.00032	0.00040	99 806	8 598 865	86.14
2	99 790	20	0.99980	0.00020	0.00023	99 780	8 499 059	85.17
3	99 770	12	0.99988	0.00012	0.00016	99 763	8 399 279	84.19
4	99 758	8	0.99992	0.00008	0.00010	99 753	8 299 516	83.20
5	99 749	8	0.99992	0.00008	0.00008	99 746	8 199 762	82.20
6	99 742	8	0.99992	0.00008	0.00008	99 738	8 100 017	81.21
7	99 734	8	0.99992	0.00008	0.00008	99 730	8 000 279	80.22
8	99 726	7	0.99993	0.00007	0.00008	99 722	7 900 550	79.22
9	99 718	7	0.99993	0.00007	0.00007	99 715	7 800 828	78.23
10	99 712	7	0.99993	0.00007	0.00007	99 708	7 701 113	77.23
11	99 705	7	0.99993	0.00007	0.00007	99 701	7 601 405	76.24
12	99 698	7	0.99993	0.00007	0.00007	99 695	7 501 703	75.24
13	99 691	7	0.99993	0.00007	0.00007	99 688	7 402 008	74.25
14	99 684	8	0.99992	0.00008	0.00008	99 680	7 302 321	73.25
15	99 676	10	0.99990	0.00010	0.00009	99 671	7 202 641	72.26
16	99 666	12	0.99988	0.00012	0.00011	99 660	7 102 970	71.27
17	99 654	13	0.99987	0.00013	0.00013	99 647	7 003 311	70.28
18	99 641	15	0.99985	0.00015	0.00014	99 633	6 903 663	69.29
19	99 626	16	0.99984	0.00016	0.00015	99 618	6 804 030	68.30
20	99 610	17	0.99983	0.00017	0.00016	99 602	6 704 411	67.31
21	99 593	19	0.99981	0.00019	0.00018	99 584	6 604 809	66.32
22	99 575	20	0.99980	0.00020	0.00020	99 565	6 505 225	65.33
23	99 554	22	0.99978	0.00022	0.00021	99 544	6 405 661	64.34
24	99 533	23	0.99977	0.00023	0.00023	99 521	6 306 117	63.36
25	99 510	24	0.99976	0.00024	0.00024	99 498	6 206 596	62.37
26	99 486	25	0.99975	0.00025	0.00025	99 473	6 107 098	61.39
27	99 461	27	0.99973	0.00027	0.00026	99 447	6 007 625	60.40
28	99 434	28	0.99971	0.00029	0.00028	99 420	5 908 177	59.42
29	99 405	30	0.99970	0.00030	0.00029	99 391	5 808 758	58.44
30	99 375	31	0.99969	0.00031	0.00031	99 360	5 709 367	57.45
31	99 345	32	0.99968	0.00032	0.00032	99 329	5 610 007	56.47
32	99 313	34	0.99966	0.00034	0.00033	99 296	5 510 678	55.49
33	99 279	36	0.99963	0.00037	0.00035	99 261	5 411 383	54.51
34	99 243	39	0.99961	0.00039	0.00038	99 223	5 312 122	53.53
35	99 204	41	0.99959	0.00041	0.00040	99 184	5 212 898	52.55
36	99 163	42	0.99957	0.00043	0.00042	99 142	5 113 715	51.57
37	99 121	45	0.99954	0.00046	0.00044	99 098	5 014 573	50.59
38	99 075	50	0.99950	0.00050	0.00048	99 051	4 915 474	49.61
39	99 025	56	0.99943	0.00057	0.00053	98 998	4 816 424	48.64
40	98 969	62	0.99937	0.00063	0.00060	98 939	4 717 426	47.67
41	98 907	68	0.99931	0.00069	0.00066	98 873	4 618 487	46.70
42	98 839	73	0.99926	0.00074	0.00071	98 803	4 519 614	45.73
43	98 766	79	0.99920	0.00080	0.00077	98 727	4 420 811	44.76
44	98 687	85	0.99913	0.00087	0.00083	98 645	4 322 084	43.80
45	98 602	94	0.99905	0.00095	0.00090	98 556	4 223 438	42.83
46	98 509	104	0.99895	0.00105	0.00100	98 458	4 124 882	41.87
47	98 405	114	0.99884	0.00116	0.00111	98 349	4 026 425	40.92
48	98 291	124	0.99874	0.00126	0.00121	98 230	3 928 076	39.96
49	98 167	134	0.99864	0.00136	0.00131	98 101	3 829 846	39.01

36

1 配偶者居住権の創設に伴う相続税法の改正

生命表（女）

年齢 x	生存数 l_x	死亡数 $_nd_x$	生存率 $_np_x$	死亡率 $_nq_x$	死力 μ_x	定常人口 $_nL_x$	定常人口 T_x	平均余命 $\overset{\circ}{e}_x$
50	98 034	145	0.99852	0.00148	0.00142	97 962	3 731 745	38.07
51	97 889	159	0.99838	0.00162	0.00155	97 811	3 633 783	37.12
52	97 730	174	0.99822	0.00178	0.00170	97 645	3 535 972	36.18
53	97 557	189	0.99807	0.00193	0.00186	97 463	3 438 327	35.24
54	97 368	202	0.99792	0.00208	0.00201	97 268	3 340 864	34.31
55	97 166	215	0.99779	0.00221	0.00215	97 060	3 243 596	33.38
56	96 951	226	0.99767	0.00233	0.00227	96 839	3 146 536	32.45
57	96 726	237	0.99755	0.00245	0.00239	96 608	3 049 697	31.53
58	96 489	250	0.99741	0.00259	0.00252	96 365	2 953 088	30.61
59	96 239	268	0.99721	0.00279	0.00269	96 106	2 856 723	29.68
60	95 970	291	0.99696	0.00304	0.00291	95 827	2 760 617	28.77
61	95 679	318	0.99667	0.00333	0.00318	95 522	2 664 790	27.85
62	95 361	346	0.99638	0.00362	0.00348	95 190	2 569 268	26.94
63	95 015	372	0.99609	0.00391	0.00378	94 832	2 474 078	26.04
64	94 643	399	0.99578	0.00422	0.00406	94 446	2 379 246	25.14
65	94 244	433	0.99540	0.00460	0.00441	94 031	2 284 800	24.24
66	93 811	471	0.99498	0.00502	0.00482	93 579	2 190 769	23.35
67	93 340	511	0.99453	0.00547	0.00526	93 088	2 097 190	22.47
68	92 829	554	0.99403	0.00597	0.00573	92 556	2 004 102	21.59
69	92 275	603	0.99346	0.00654	0.00626	91 978	1 911 547	20.72
70	91 672	662	0.99278	0.00722	0.00688	91 346	1 819 569	19.85
71	91 010	729	0.99200	0.00800	0.00762	90 651	1 728 223	18.99
72	90 281	802	0.99112	0.00888	0.00847	89 887	1 637 572	18.14
73	89 480	874	0.99023	0.00977	0.00936	89 049	1 547 685	17.30
74	88 606	954	0.98923	0.01077	0.01029	88 136	1 458 636	16.46
75	87 652	1 053	0.98798	0.01202	0.01140	87 135	1 370 500	15.64
76	86 599	1 180	0.98637	0.01363	0.01284	86 020	1 283 365	14.82
77	85 419	1 332	0.98441	0.01559	0.01466	84 766	1 197 345	14.02
78	84 087	1 505	0.98211	0.01789	0.01682	83 350	1 112 579	13.23
79	82 582	1 699	0.97943	0.02057	0.01936	81 750	1 029 229	12.46
80	80 883	1 909	0.97639	0.02361	0.02227	79 947	947 479	11.71
81	78 974	2 143	0.97286	0.02714	0.02560	77 923	867 532	10.99
82	76 831	2 409	0.96864	0.03136	0.02956	75 649	789 609	10.28
83	74 422	2 701	0.96370	0.03630	0.03429	73 096	713 959	9.59
84	71 720	3 004	0.95812	0.04188	0.03976	70 244	640 864	8.94
85	68 716	3 310	0.95184	0.04816	0.04593	67 087	570 620	8.30
86	65 407	3 622	0.94462	0.05538	0.05298	63 622	503 533	7.70
87	61 784	3 938	0.93627	0.06373	0.06118	59 842	439 911	7.12
88	57 847	4 253	0.92648	0.07352	0.07085	55 745	380 069	6.57
89	53 594	4 531	0.91546	0.08454	0.08208	51 350	324 323	6.05
90	49 063	4 757	0.90305	0.09695	0.09485	46 701	272 974	5.56
91	44 306	4 918	0.88900	0.11100	0.10940	41 859	226 273	5.11
92	39 389	5 025	0.87243	0.12757	0.12656	36 881	184 414	4.68
93	34 364	5 024	0.85381	0.14619	0.14682	31 846	147 533	4.29
94	29 340	4 876	0.83380	0.16620	0.16949	26 884	115 686	3.94
95	24 464	4 598	0.81204	0.18796	0.19609	22 135	88 802	3.63
96	19 866	4 132	0.79202	0.20798	0.22051	17 756	66 667	3.36
97	15 734	3 594	0.77161	0.22839	0.24603	13 890	48 911	3.11
98	12 140	3 025	0.75083	0.24917	0.27272	10 580	35 021	2.88
99	9 115	2 464	0.72970	0.27030	0.30063	7 838	24 441	2.68
100	6 652	1 941	0.70825	0.29175	0.32981	5 640	16 603	2.50
101	4 711	1 477	0.68649	0.31351	0.36033	3 937	10 963	2.33
102	3 234	1 085	0.66446	0.33554	0.39223	2 662	7 026	2.17
103	2 149	769	0.64217	0.35783	0.42559	1 741	4 364	2.03
104	1 380	525	0.61967	0.38033	0.46047	1 100	2 623	1.90
105	855	345	0.59699	0.40301	0.49694	670	1 523	1.78
106	510	217	0.57415	0.42585	0.53507	393	853	1.67
107	293	132	0.55121	0.44879	0.57494	222	460	1.57
108	162	76	0.52821	0.47179	0.61663	120	238	1.48
109	85	42	0.50518	0.49482	0.66022	62	118	1.39
110	43	22	0.48217	0.51783	0.70580	31	56	1.31
111	21	11	0.45924	0.54076	0.75346	15	26	1.23
112	10	5	0.43642	0.56358	0.80329	7	11	1.16
113	4	2	0.41378	0.58622	0.85539	3	5	1.10
114	2	1	0.39136	0.60864	0.90987	1	2	1.04
115	1	0	0.36921	0.63079	0.96683	0	1	0.98

（注5） 存続年数に応じた法定利率による複利現価率

上記算式中の「存続年数に応じた法定利率による複利現価率」とは、次の算式により算出した率をいいます（相法23の2①三、相規12の4）。

《算式》

$$\frac{1}{(1+r)^n} \quad （小数点以下3位未満四捨五入）$$

r：民法の法定利率(注)
n：配偶者居住権の存続年数

（注）法定利率

民法（債権法）の改正により、令和2年4月1日以後、法定利率が年5％から3％に引き下げられます（民法404）。なお、その法定利率は3年に1回見直されることとされています（民法404③）。

（参考・民法）

第404条《法定利率》

1 利息を生ずべき債権について別段の意思表示がないときは、その利率は、その利息が生じた最初の時点における法定利率による。

2 法定利率は、年3％とする。

3 前項の規定にかかわらず、法定利率は、法務省令で定めるところにより、3年を1期とし、1期ごとに、次項の規定により変動するものとする。

4 各期における法定利率は、この項の規定により法定利率に変動があった期のうち直近のもの（以下この項において「直近変動期」という。）における基準割合と当期における基準割合との差に相当する割合（その割合に1％未満の端数があるときは、これを切り捨てる。）を直近変動期における法定利率に加算し、又は減算した割合とする。

5 前項に規定する「基準割合」とは、法務省令で定めるところに

> より、各期の初日の属する年の6年前の年の1月から前々年の12月までの各月における短期貸付けの平均利率(当該各月において銀行が新たに行った貸付け(貸付期間が1年未満のものに限る。)に係る利率の平均をいう。)の合計を60で除して計算した割合(その割合に0.1％未満の端数があるときは、これを切り捨てる。)として法務大臣が告示するものをいう。

Ⅱ 民法改正に伴う相続税実務への影響

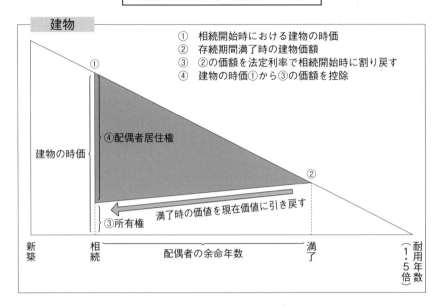

分割時期のズレへの対応

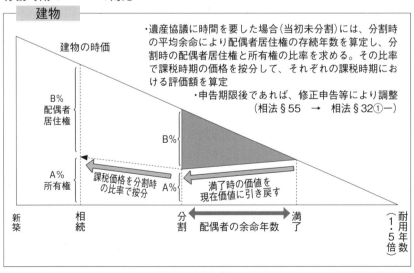

(出典:財務省「令和元年度税制改正の解説」を基に一部加筆)

40

Q8 配偶者居住権が設定された場合の評価の対象

　配偶者居住権は、被相続人の遺産である居住建物に設定されるものですが、設定された場合には居住家屋の敷地も当然に使用することができることになります。

　一方で建物や敷地の所有者は、配偶者居住権が設定されるとその存続期間中はある意味、借家人や借地人がいるのと同様な受忍義務を負うことになります。

　これら配偶者居住権及び設定の目的となった不動産が相続税の課税対象となる場合について教えてください。

▶ Answer

　配偶者居住権とは、配偶者が居住していた被相続人所有の建物を原則として、配偶者が無償で終身の間、使用することができる権利のことをいいます。また、配偶者居住権を取得した配偶者は、敷地の使用権もあわせて取得することになります。

　配偶者居住権は、遺産分割等の対象になって具体的相続分を構成しますが、実質的にも相続開始後終身の間、無償で居住建物を使用収益することができるため、配偶者は、建物(その敷地も含んでいます。)の賃料に相当する額の経済的利益を享受することになり、したがって相続税の対象となります。

　この配偶者居住権が設定された場合の相続税の課税対象は、次のとおり整理することができます。

種類	評価の対象	取得者
家屋	配偶者居住権	配偶者
	配偶者居住権が設定された居住家屋の所有権	配偶者以外の相続人

Ⅱ 民法改正に伴う相続税実務への影響

敷地	配偶者居住権に基づく居住家屋の敷地使用権	配偶者
	配偶者居住権が設定された居住家屋の敷地所有権	配偶者以外の相続人

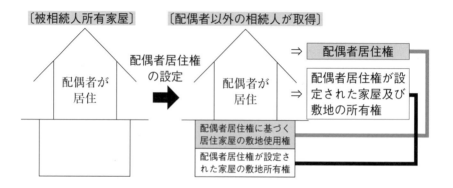

Q9　配偶者居住権の目的となっている建物の時価

配偶者居住権の価額は、次の算式によって算定しますが、この場合の居住建物の時価とは何を指していますか。

$$\text{居住建物の時価} - \text{居住建物の時価} \times \frac{\text{建物の残存年数} - \text{存続年数}}{\text{建物の残存年数}} \times \text{複利現価率}$$

▶Answer

相続税法第23条の2で定める配偶者居住権の価額を求める算式は、相続開始時の居住建物の時価から存続期間満了時点における居住建物の時価を現在価値に置き換えた価額を控除して求めます。

この算式中の「居住建物の時価」とは、居住建物に配偶者居住権が設定されていないものとした場合のその居住建物の相続開始時における時価をいいます。

そして、ここでいう時価とは相続税法第22条で定める時価をいいますので実務的には、評価通達89《家屋の評価》に基づき算定した価額をいいます。

したがって、通常は、居住建物の固定資産税評価額を基として評価することになります。

Ⅱ 民法改正に伴う相続税実務への影響

> **Q10 居住建物の状況に応じた固定資産税評価額が付されていない場合**
>
> 配偶者居住権の価額を求める場合において、相続税法第23条の2で規定する建物の時価とは、評価通達89《家屋の評価》に基づき算定した価額、すなわち、固定資産税評価額のことをいうのだと思いますが、居住建物の状況に応じた固定資産税評価額が付されていない場合にはどのように評価したらよいでしょうか。

▶ Answer

例えば、過去において居住建物に増改築等を施したにもかかわらず、それに応じた固定資産税評価額が付されていないようなケースでは、その家屋の価額は、増改築等に係る部分以外の部分に対応する固定資産税評価額に、当該増改築等に係る部分の価額として、当該増改築等に係る家屋と状況の類似した付近の家屋の固定資産税評価額を基として、その付近の家屋との構造、経過年数、用途等の差を考慮して算定した価額を加算した価額により算定します。

〔状況の類似した家屋が付近にある場合〕

固定資産税評価額 ＋ 状況類似の家屋の固定資産税評価額を基に個別格差を考慮した価額

ただし、付近に状況の類似した家屋がない場合には、増改築等以外の部分の固定資産税評価額に、増改築等に係る部分の再建築価額から課税時期までの間における償却費相当額を控除した価額の100分の70に相当する金額を加算した価額により算定します。

〔状況の類似した家屋が付近にない場合〕

$$\text{固定資産税評価額} + \left(\text{増改築部分の再建築費} - \text{償却費}^{(注)}\text{相当額}\right) \times 70\%$$

> **(注)償却費相当額**
> 「償却費相当額」は、評価通達89-2《文化財建造物である家屋の評価》の(2)に定める評価方法に準じて、再建築価額から当該価額に0.1を乗じて計算した金額を控除した価額に、その建物の耐用年数(耐用年数省令に規定する耐用年数)のうちに占める経過年数(増改築等の時から課税時期までの期間に相当する年数(その期間に1年未満の端数があるときは、その端数は、1年とする。))の割合を乗じて計算します。
> また、年の中途で耐用年数省令の改正があった場合には、土地等の資産の評価額を暦年で改定していることとの整合性などの観点から、課税時期の属する年の1月1日に施行されている耐用年数省令により計算します。
>
> $$\text{償却費相当額} = \text{再建築費} \times (1 - 0.1) \times \frac{\text{経過年数}}{\text{耐用年数}}$$

なお、この場合の評価の考え方は、増改築を施した場合だけでなく家屋を新築した場合において、未だ固定資産税評価額が付されていない場合も同様です。

ただし、課税時期から申告期限までの間にその家屋の課税時期の状況に応じた固定資産税評価額が付された場合には、当該固定資産税評価額に基づき評価することになります。

Q11 居住建物の一部を賃貸していた場合の建物の時価

配偶者居住権の価額は、居住建物の時価から存続期間満了時における居住建物の現在価値を控除して求めますが、居住建物は建物所有者の承諾を得れば一部を第三者に賃貸することも可能(民法1032③)と聞いています。

下記のように居住建物の一部を第三者に賃貸している場合の居住建物の時価の算定の仕方を教えてください。

〔居住建物〕
2F 配偶者居住権
1F 第三者に賃貸

建物所有者　　被相続人
相続税評価額　1,000万円
建物総床面積　275㎡(うち1F150㎡、2F125㎡)

▶ Answer

居住建物の一部が相続開始時において賃貸の用に供されている場合の居住建物の時価については、居住建物のうち賃貸の用に供されていない部分(すなわち、居住用部分)の床面積に対する居住建物の総床面積の割合(居住割合)を居住建物の時価に乗じて計算します(相令5の8①一)。

$$\boxed{建物の固定資産税評価額} \times \frac{賃貸以外の部分の床面積}{居住建物の総床面積}$$

したがって、ご質問のケースにおける居住建物の時価は、次のとおり計算して求めることができます。

(固定資産税評価額)　(居住部分床面積)　　　(居住建物の時価)

$$1,000万円 \times \frac{125㎡}{275㎡} = 4,545,454円$$

(総床面積)

Q12 居住建物を共有していた場合の建物の時価

配偶者居住権は、居住建物を配偶者と被相続人で共有していた場合も設定が可能(民法1028①)と聞いていますが、下記のように居住建物の所有権を被相続人及び配偶者で2/3及び1/3で共有していた場合の居住建物の時価の算定の仕方を教えてください。

〔居住家屋〕

建物所有者　　被相続人　2/3
　　　　　　　配偶者　　1/3

相続税評価額　1,200万円

▶**Answer**

居住建物が相続開始直前において被相続人及び配偶者の共有になっていた場合には、配偶者居住権の価額を求める算式の居住建物の時価は、被相続人に係る共有持分を居住建物の時価に乗じて計算します。

ご質問のケースは、次の算式により居住建物の相続開始時における時価を算定します(相令5の8①二)。

　建物の固定資産税評価額　× 被相続人の共有持分

したがって、ご質問のケースにおける居住建物の時価は、次のとおり求めることができます。

(相続税評価額)　(被相続人の持分)　(居住建物の時価)
1,200万円　×　$\dfrac{2}{3}$　＝　800万円

Q13 居住建物が共有でかつ一部賃貸されていた場合の建物の時価

　配偶者居住権は、相続開始時において被相続人が所有する家屋に配偶者が居住していれば、その居住建物の一部が賃貸の用に供されていて、かつ被相続人と配偶者で共有していた場合でも設定が可能であると聞いていますが、下記のケースの場合の居住建物の時価の算定の仕方を教えてください。

〔居住建物〕
2F 居住用 100㎡
1F 第三者に賃貸 120㎡

建物所有者　被相続人　2/3
　　　　　　配偶者　　1/3
建物の固定資産税評価額　1,800万円
建物総床面積　220㎡(うち1F120㎡、2F100㎡)

▶ Answer

　居住建物の一部が賃貸の用に供されており、かつ、その居住建物の所有権が被相続人と配偶者の共有だった場合の居住建物の時価は、居住建物の居住割合及び被相続人の共有持分を居住建物の時価に乗じて計算します（相令5の8①三）。

$$\boxed{建物の固定資産税評価額} \times \frac{賃貸以外の部分の床面積}{居住建物の総床面積} \times 被相続人の共有持分$$

　したがって、ご質問のケースにおける居住建物の時価は、次のとおり計算して求めることができます。

（固定資産税評価額）　（居住部分床面積）　（被相続人の持分）　（居住建物の時価）

$$1,800万円 \times \frac{100㎡}{220㎡(総床面積)} \times \frac{2}{3} = 5,454,545円$$

Q14 耐用年数

相続税法における配偶者居住権の価額は、相続開始時における建物の時価(相続税評価額)から存続期間満了時の建物の時価(相続開始日の価値に修正したもの)を控除して算定しますが、存続期間満了時の建物の時価は、次の算式により求めます。

$$居住建物の時価 \times \frac{耐用年数 - 経過年数 - 存続年数\,(残存年数)}{耐用年数 - 経過年数\,(残存年数)}$$

ところで、上記算式中の「耐用年数」とは、税法上の耐用年数のことをいうのでしょうか。

▶ Answer

存続期間満了時における建物の時価を求める算式中の「耐用年数」とは、居住建物の全部が住宅用であるものとした場合におけるその居住建物に係る減価償却資産の耐用年数等に関する省令(耐用年数省令)に定める耐用年数に1.5を乗じて計算した年数(6月以上の端数は1年とし、6月に満たない端数は切り捨てます。)をいいます(相法23の2①二イ、相令5の8②、相規12の2)。

この算式中の耐用年数について、耐用年数省令に定める耐用年数の1.5倍としているのは、耐用年数省令における耐用年数は、事業用資産を前提として定められていますが、居住建物は、通常は非事業用資産であり、事業用資産よりも耐用年数が長いと考えられることから、所得税の譲渡所得における非事業用資産の取得費の計算に関する規定(所令85)を参考にして、居住建物の耐用年数を設定したものです。

また、店舗併用住宅など、居住建物に非住宅用の部分がある場合の耐用年数については、用途区分毎に耐用年数を判定する等の方法も考えられますが、評価方法が煩雑となる面もあるため、簡便性の観点か

ら、居住建物の全部が住宅用であるものとして、画一的に耐用年数を用いることとされました。

　ちなみに、居住建物の主な構造ごとの耐用年数は次のとおりになります。

構造		耐用年数省令	耐用年数×1.5
居住建物	鉄骨鉄筋コンクリート	47年	71年
	金属造のもの (骨格材が4mm超)	34年	51年
	金属造のもの (骨格材が3mm超4mm以下)	27年	41年
	木造又は合成樹脂	24年	36年
	木造モルタル	20年	30年

Q15　経過年数(1)

　相続税法における配偶者居住権の価額は、相続開始時における建物の時価(相続税評価額)から存続期間満了時の建物の時価(相続開始日の価値に修正したもの)を控除して算定しますが、存続期間満了時の建物の時価は、次の算式により求めます。

$$居住建物の時価 \times \frac{耐用年数 - 経過年数 - 存続年数（残存年数）}{耐用年数 - 経過年数（残存年数）}$$

　ところで、この算式中の「経過年数」とは、いつ時点からいつまでの期間をいうのでしょうか。

▶ **Answer**

　存続期間満了時における建物の時価を求める算式中の「経過年数」とは、居住建物の新築時から配偶者居住権の設定時までの年数(6月以上の端数は1年とし、6月に満たない端数は切り捨てます。)をいいます(相法23の2①二イ)。

　なお、遺産分割協議又は審判により配偶者居住権が設定される場合には、配偶者居住権の効力が生じるのは相続開始時よりも後の時点であり、その結果、遺産分割等の時点を起算点として配偶者居住権の存続年数が定まると考えられることから、居住建物の経過年数については、新築時から配偶者居住権の設定時までの年数でカウントすることとされています。

　また、被相続人が生前に居住建物に増改築を施していた場合でも、増改築部分を区分することなく、新築時からの経過期間に応じて経過年数を計算することとされています。

Ⅱ　民法改正に伴う相続税実務への影響

Q16　経過年数（2）

配偶者居住権の価額を求める算式中の「経過年数」とは、建物の新築時から配偶者居住権の設定時までの年数をいいますが、次のようなケースにおける経過年数を教えてください。

```
建物新築時              平成15年3月10日
被相続人の相続開始日     令和2年4月21日
遺産分割協議成立日       令和3年5月14日
```

▶ Answer

被相続人の相続開始日は令和2年4月21日ですが、配偶者居住権が設定されたのは、遺産分割協議成立の日です。そうなると配偶者居住権の効力発生日は、遺産分割協議成立日（令和3年5月14日）となり、その時点から存続年数が定まると考えられることから経過年数も相続開始時ではなく遺産分割協議成立日（配偶者居住権の設定時）までの年数をカウントするとされています（相法23の2①二イ）。

ご質問における配偶者居住権の価額を求める算式中の「経過年数」は次のとおりになります。

〔建物新築時〕　　　　　〔遺産分割協議成立日〕

平成15年3月10日 － 令和3年5月14日 ＝ 18年2ヶ月
（2003年）　　　　　（2021年）

※6月以上の端数は1年とし6月未満は切捨てます

したがって、経過年数は18年となります。

Q17　存続年数

配偶者居住権の存続年数は、原則として、配偶者の終身の間とされていますが、遺産分割協議若しくは遺言又は家庭裁判所の審判により定めた場合には、その定めによると規定されています(民法1030)。

相続税法で規定する配偶者居住権の評価における存続年数はどのように解すべきでしょうか。

▶ Answer

配偶者居住権の評価の算式中にある「存続年数」とは、配偶者居住権が存続する年数をいいますが、次に掲げる場合の区分に応じ、それぞれに定める年数(6月以上の端数は1年とし、6月に満たない端数は切り捨てます。)をいいます(相法23の2①二イ、相令5の8③)。

①	配偶者居住権の存続期間が配偶者の終身の間とされている場合
	配偶者居住権が設定された時の配偶者の平均余命(厚生労働省が男女別、年齢別に作成する完全生命表(34ページ参照)に掲載されている平均余命を採用します(相規12の3)。)
②	①以外の場合
	遺産分割協議・審判又は遺言により定められた配偶者居住権の存続年数を採用します(その年数がその配偶者居住権が設定された時における配偶者の平均余命を超える場合には、その平均余命) すなわち、個別に定めたとしても相続税の計算上は、完全生命表に掲載されている平均余命が上限となります。

相続税法で定める配偶者居住権の価額は、存続期間満了時における建物の時価を算定し、これを一定の割引率により現在価値に割り戻すことにより相続開始時点における建物所有権の価額に修正し、この価額を配偶者居住権が設定されていないものとした場合の建物の時価か

ら控除することにより算定します。

　そして、存続期間満了時点における建物の時価は、残存年数から存続年数を控除して計算しますが、「存続年数」とは、原則的には年齢別に作成する完全生命表による平均余命を採用します。ただし、配偶者居住権の存続期間が遺産分割協議、遺言、審判で個別に定められた場合には、その存続年数を採用するとされています(なお、その年数が平均余命を超える場合には平均余命が上限となります。)。

　こうした取扱いは、遺産分割協議等により配偶者の平均余命を大幅に超える存続期間を設定して配偶者居住権の評価額を過大評価し、相続税法で定める配偶者の税額軽減の適用を受けるなどの租税回避的な行為を防止するために平均余命が評価上の存続年数の上限とされています。

Q18　存続年数の計算

　配偶者居住権の価額を求める算式中の「存続年数」は、遺産分割協議等で存続期間を定めた場合、その年数をいいますが、例えば、配偶者居住権の存続期間を遺産分割協議で30年間と定めた場合、算式中の存続年数も30年として計算するのでしょうか。

遺産分割協議成立の日	令和2年10月10日
配偶者の出生の日	昭和24年3月10日
配偶者の年齢	71歳7ヶ月
分割協議書で定めた期間	30年
72歳(女性)の平均余命	18.99

▶ **Answer**

　配偶者居住権の価額を求める算式中の「存続年数」は、配偶者居住権の存続期間が、配偶者の終身の間とされている場合には配偶者居住権が設定された時の配偶者の平均余命(厚生労働省が男女別、年齢別に作成する完全生命表に記載されているもの)を採用しますが、分割協議等で存続年数を定めている場合には、原則的には、その存続年数を採用します。ただし、平均余命を上限とします。

　ご質問のケースは、遺産分割協議で存続年数を30年と定めていますが、配偶者居住権を設定した時(71歳7ヶ月・女性)の配偶者の平均余命が18.99年であるため、算式中の存続年数は19年を採用します。

Q19　存続年数が残存年数を超えている場合

相続税法上で定める配偶者居住権の価額は、次の算式によって求めることができます。

$$居住建物の時価 - 居住建物の時価 \times \frac{残存年数^{※} - 存続年数}{残存年数^{※}} \times 複利現価率$$

※　残存年数＝耐用年数－経過年数をいいます。

例えば、下記のように存続年数が残存年数を超えている場合の配偶者居住権の評価はどうなりますか。

木造　建物の耐用年数　　22年×1.5＝33年
　　　建物の経過年数　　30年
配偶者(65歳)の存続年数　24年

▶Answer

ご質問のケースでは、残存年数が3年(33年－30年)であるのに対して、配偶者の存続年数は24年であることから算式中の分子がマイナスになります。

このようなケースを考えてみると配偶者居住権の満了時における建物の価値は0ということになります。こうしたケースは、残存年数(3年)の全てを配偶者が使用することになるため相続開始時点の建物価値は全て配偶者に帰属することになります。

したがって、相続開始時の居住建物の時価と配偶者居住権の価額は一致することになります。

ちなみに、算式中の「分数の項の分母又は分子が0以下となるような場合」は分数の項を0として計算することになります。

Q20 複利現価率

配偶者居住権の価額は、相続開始時の建物時価から存続期間満了時における建物の時価を相続開始日の価値に修正した価額を控除して求めますが、この場合に現在価値に修正するためには複利現価率を用いると聞いています。
この複利現価率の求め方について教えてください。

▶ Answer

配偶者居住権の評価に当たり、存続期間満了時における建物の時価を相続開始日の価値に修正するための複利現価率は、次の算式により計算した率をいいます(相法23の2①三、相規12の4)。

なお、算式中の法定利率は、民法(債権法)改正により令和2年4月1日以後5％から3％に改正されていますので、分母のrは目下のところ3％で計算します。

しかし、民法第404条第3項では、法定利率は3年ごとに見直すとされていますので、実際には配偶者居住権が設定されたときの法定利率により複利現価率を計算することになります。

《算式》

$$\frac{1}{(1+r)^n}$$ (小数点以下3位未満四捨五入)

r：民法の法定利率
n：配偶者居住権の存続年数

Ⅱ　民法改正に伴う相続税実務への影響

Q21　配偶者居住権の設定時期が相続開始時期と異なるとき

相続税は財産を取得した時における「時価」を前提に課税が行われることとされていますが、相続税法で定める配偶者居住権の評価は、配偶者居住権が設定された時点を前提に計算する仕組みとなっています。

例えば、相続開始時が令和2年5月1日で、遺産分割協議により配偶者居住権を設定したのが令和4年9月30日であった場合、配偶者居住権の課税価額はどうなりますか。

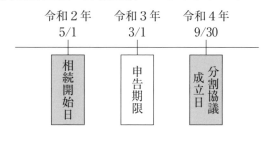

▶Answer

相続税の申告は、相続開始時における財産の現況に応じて時価により申告することになっています。

一方で、配偶者居住権及び配偶者居住権の目的となっている建物(配偶者居住権が設定された敷地も含みます。)の価額は、配偶者居住権を設定した時(分割協議が成立した時)の平均余命(又は存続期間)により配偶者居住権の存続年数を算定し、配偶者居住権及び配偶者居住権の目的となっている建物の所有権の価額を求めます。

したがって、相続発生日と分割協議成立日が著しく離れている時は、相続税法第23条の2で定める評価方式により評価したとしても相続開始日における時価とは異なる価額が算定されてしまいます。そこで、相続発生日と分割協議成立日が離れている時は、遺産分割協議が成立

した日の配偶者居住権の価額と配偶者居住権の目的となっている家屋の所有権の価額の比率を、課税時期における居住建物の相続税評価額に乗じてそれぞれの課税時期における配偶者居住権及び配偶者居住権の目的となっている建物の価額を算定します(配偶者居住権が設定された敷地等も同様です。)。

3　配偶者居住権に基づき居住建物の敷地を使用する権利の評価

　配偶者居住権は、配偶者が終身の間（遺産分割協議等で定めた場合はその年数）、被相続人が所有していた家屋に無償で居住し続けることができる権利ことをいいますが、家屋を使用する権利の中には当然その敷地を使用する権利も含まれています。

　したがって、配偶者居住権の評価に際しては、家屋の評価と同時に居住建物の敷地を使用する権利の価額も評価する必要がありますが、配偶者居住権に基づき居住建物の敷地を使用する権利の価額は、前記2の配偶者居住権の評価の計算と同様に行います。

　すなわち、まず、居住建物の敷地の用に供されている土地（土地の上に存する権利を含みます。以下「土地等」といいます。）の配偶者居住権の存続期間が満了する時点の価額を算出します。この場合、将来時点における土地等の価額を算定するのは不確実性を伴い、算定に困難な場合が多いと考えられること等から、時価変動を捨象し、相続開始時における価額（時価）を採用します。

　次に、この価額を法定利率による複利計算で現在価値に割り戻すことにより、相続開始時点における（配偶者居住権付の）土地等の価額を算出します。そして、この価額を居住建物に配偶者居住権が設定されていないものとした場合のその土地等の価額（自用地価額）から控除することにより、配偶者居住権に基づきその敷地を使用する権利の価額を求めます。

　具体的には、次の算式により算出します（相法23の2③）。

《算式》

配偶者住居権に基づき居住建物の敷地を使用する権利の価額 ＝ 土地等の時価(注1) － 土地等の時価(注1) × 存続年数に応じた法定利率による複利現価率(注2)

(注1)土地等の時価

「土地等の時価」とは、居住建物に配偶者居住権が設定されていないものとした場合の、その居住建物の敷地の用に供されている土地等の相続開始時における時価、すなわち相続税法第22条の時価(評価通達で計算した価額)をいいます。ただし、次に掲げる場合に該当する場合には、それぞれの区分に応じ、それぞれに定める金額となります(相令5の8④)。

①	居住建物の一部が賃貸されている場合(③を除きます。)
	相続開始時の自用地としての価額 × 賃貸以外の部分の床面積 / 居住建物の総床持分
②	土地等を他の者と共有していた場合又は居住建物を配偶者と共有していた場合(③を除きます。)
	相続開始時の自用地としての価額 × 被相続人が有していた土地等又は居住建物の共有持分(※)
	※ 被相続人がその土地等及び居住建物の両方を共有していた場合には、これらの共有持分のうちいずれか低い割合を採用します。
③	居住建物の一部が賃貸され、かつ、被相続人がその土地等を他の者と共有していた場合又はその居住建物を配偶者と共有していた場合
	相続開始時の自用地としての価額 × ①の割合 × ②の割合

(注2)複利現価率

「存続年数に応じた法定利率による複利現価率」とは、次の算式により算出した利率をいいます(相法23の2③二、相法12の4)。

《算式》

$$\frac{1}{(1+r)^n}$$ （小数点以下3位未満四捨五入）

r：民法の法定利率
n：配偶者居住権の存続年数

(注)民法の法定利率については、38ページを参照してください。

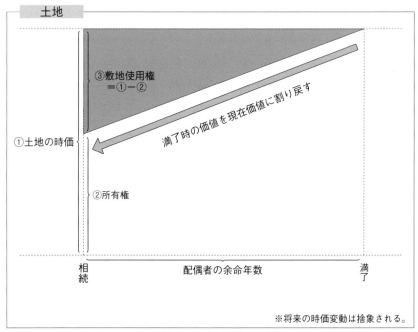

居住建物の敷地を使用する権利等の評価の考え方のイメージ

※将来の時価変動は捨象される。

（出典：財務省「令和元年度税制改正の解説」を基に一部加筆）

1 配偶者居住権の創設に伴う相続税法の改正

Q22 配偶者居住権に基づき居住建物の敷地を使用する権利の価額(一般)

夫が亡くなり、妻は、遺産分割協議で下記のような配偶者居住権の設定を受けました。なお、配偶者居住権の目的となった居住建物及びその敷地の所有権は、長男が相続しました。

この場合において、配偶者居住権に基づき居住建物の敷地を使用する権利の価額の算定の仕方を教えてください。

〔居住家屋〕
100㎡
相続税評価額
2,000万円

土地及び建物の取得者	相続人(長男)
配偶者(妻)の年齢	73歳
配偶者居住権の存続年数	終身(余命年数17年)
法定利率(3%)の複利現価率	0.605

▶ Answer

配偶者居住権に基づき居住建物の敷地を使用する権利の価額は、次の算式で求めることができます。

〈算式〉

土地等の自用地価額 － 土地等の自用地価額 × 存続年数に応じた複利現価率

なお、上記算式の土地等の自用地としての価額は、相続開始時における時価、すなわち相続税法第22条の時価(評価通達で計算した価額)をいいます。

ご質問のケースをこの算式に当てはめて計算すると、配偶者居住権に基づき土地を使用する権利の価額は、下記のとおり790万円となります。

(居住建物の敷地使用権の価額) (土地等の時価) (土地等の時価) (複利現価率)
790万円 ＝ 2,000万円 － 2,000万円 × 0.605

Ⅱ　民法改正に伴う相続税実務への影響

> **Q23　配偶者居住権に基づき居住建物の敷地を使用する権利の価額（一部を貸し付けていた場合）**
>
> 　夫が亡くなり、妻は遺産分割協議で下記のような配偶者居住権の設定を受け、長男は亡夫の居住建物及びその敷地を相続しました。なお、被相続人は生前より居住家屋の一部を貸し付けていました。
> 　この場合の配偶者居住権に基づき敷地を使用する権利の価額の算定の仕方を教えてください。
>
>
>
> | | |
> |---|---|
> | 土地及び建物の取得者 | 長男 |
> | 配偶者（妻）の年齢 | 75歳 |
> | 配偶者居住権の存続年数 | 終身（平均余命16年） |
> | 法定利率（3%）の複利現価率 | 0.623 |

▸ **Answer**

　配偶者居住権に基づき居住建物の敷地を使用する権利の価額は、次の算式で求めることができます。

《算式》

土地等の自用地価額 － 土地等の自用地価額 × 存続年数に応じた複利現価率

　ご質問のケースは、被相続人が相続開始直前において居住建物の一部を賃貸の用に供していましたので、土地等の自用地価額は、賃貸以外の部分を除いた部分、すなわち、居住用部分に相当する時価を算定します。

1 配偶者居住権の創設に伴う相続税法の改正

$$\underset{(相続税評価額)}{3,000万円} \times \underset{(居住割合)}{\frac{100㎡}{250㎡}} = \underset{(土地等の自用地価額)}{1,200万円}$$

　次に、相続開始時における土地等の自用地価額から、存続年数（16年）に応じて法定利率（3％）によって現在価値に修正した価額を控除して、配偶者居住権に基づき居住建物の敷地を使用する権利の価額を次のように算定します。

$$\underset{\binom{居住建物の敷地}{使用権の価額}}{4,524,000円} = \underset{(自用地価額)}{1,200万円} - \underset{(自用地価額)}{1,200万円} \times \underset{(複利現価率)}{0.623}$$

Ⅱ　民法改正に伴う相続税実務への影響

> **Q24　配偶者居住権に基づき居住建物の敷地を使用する権利の価額（共有の場合）**
>
> 被相続人の相続開始直前において居住建物及びその敷地は、妻と共有していました（下記参照）。被相続人の死亡後、分割協議において長男は、被相続の共有持分を相続することとし、一方で妻（長男からみて母）は居住建物に配偶者居住権を設定することが決まりました。
>
> この場合の配偶者居住権に基づき敷地を使用する権利の価額の算定の仕方を教えてください。
>
>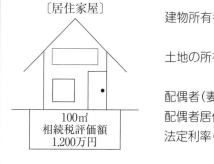

Answer

配偶者居住権に基づき居住建物の敷地を使用する権利の価額は、次の算式で求めることができます。

《算式》

土地等の自用地価額 － 土地等の自用地価額 × 存続年数に応じた複利現価率

ご質問のケースは、被相続人の相続開始前において居住建物及びその敷地がそれぞれ共有されていますので土地等の自用地価額は、被相続人が所有していた部分を按分計算して算定します。

具体的には、被相続人は、居住建物については妻と共有で2/3を所

有し、その敷地については妻と共有し1/2を所有していたので、これらの共有持分のうちいずれか低い共有持分を採用して自用地としての価額を次のとおり算定します。

(相続税評価額)　　(持分)　(土地等の自用地価額)
1,200万円　×　1/2　＝　600万円

次に相続開始時における土地等の自用地価額から存続年数(20年)に応じて法定利率(3%)によって現在価値に修正した価額を控除して、配偶者居住権に基づき居住建物の敷地を使用する権利の価額を次のように算定します。

(居住建物の敷地使用権の価額)　(自用地価額)　(自用地価額)　(複利現価率)
2,676,000円　＝　600万円　－　600万円　×　0.554

Ⅱ 民法改正に伴う相続税実務への影響

> **Q25 配偶者居住権に基づき土地を使用する権利の価額（一部賃貸で共有の場合）**
>
> 夫が亡くなり、妻は、遺産分割協議で下記のような配偶者居住権の設定を受けましたが、配偶者居住権の目的となった家屋は一部を賃貸に供していました。また、居住建物については夫婦で共有していました。
>
> この場合の配偶者居住権に基づき居住建物の敷地を使用する権利の価額の算定の仕方を教えてください。
>
> 〔居住建物〕
> 2F 居住用 100㎡
> 1F 賃貸用 150㎡
> 敷地 200㎡
> 相続税評価額 1,500万円
>
> | 建物所有者 | 被相続人 | 3/5 |
> | --- | --- | --- |
> | | 配偶者 | 2/5 |
> | 土地所有者 | 被相続人 | 1/1 |
> | 配偶者の年齢 | | 78歳 |
> | 配偶者居住権の存続年数 | | 終身（平均余命13年） |
> | 法定利率(3%)の複利現価率 | | 0.681 |

▶ **Answer**

配偶者居住権に基づき居住建物の敷地を使用する権利の価額は、次の算式で求めることができます。

《算式》

土地等の自用地価額 － 土地等の自用地価額 × 存続年数に応じた複利現価率

ご質問のケースは相続開始直前において、居住建物を被相続人(3/5)と妻(2/5)で共有しており、かつ、居住家屋の一部を賃貸の用に供していたため、土地等の自用地価額は、次の算式により計算して求めます。

具体的には、その土地の相続税評価額に居住割合及び被相続人の共有持分を乗じて算定します。

　　　　　　　　　　　　　　　　　　　１ 配偶者居住権の創設に伴う相続税法の改正

（相続税評価額）　　（居住割合）　　（持分）　（土地等の自用地価額）

1,500万円　×　$\dfrac{100㎡}{250㎡}$　×　$\dfrac{3}{5}$　＝　360万円

　次に相続開始時における土地等の自用地価額から、存続年数(13年)に応じて法定利率（3％）によって現在価値に修正した価額を控除して、配偶者居住権に基づき居住建物の敷地を使用する権利の価額を次のように算定します。

$\begin{pmatrix}居住建物の敷地\\使用権の価額\end{pmatrix}$　　　（自用地価額）　　（自用地価額）　　（複利現価率）

1,148,400円　＝　360万円　－　360万円　×　0.681

69

Ⅱ　民法改正に伴う相続税実務への影響

4　配偶者居住権が設定されている居住建物の所有権の評価

　前記2及び3は、配偶者居住権(居住家屋及び居住家屋の存する敷地の使用権)の評価について説明しましたが、本項では、配偶者居住権が設定された居住家屋の所有権の評価、すなわち、ある意味、借家権等のような利用権が付着している居住建物の所有権の評価について説明します。

　配偶者居住権が設定されている居住建物の所有権の価額は、相続開始時において配偶者居住権が設定されていないものとした建物の時価から、前記2により計算した配偶者居住権の価額を控除した金額によって評価します(相法23の2②)。

《算式》

居住建物の所有権の価額 ＝ 居住建物の時価(注) － 配偶者居住権の価額

(注) 居住建物の時価

　「居住建物の時価」とは、相続開始日における、配偶者居住権が設定されていないものとした場合の時価(評価通達の定めにしたがって計算した価額＝固定資産税評価額)をいいます。したがって、「居住建物の時価」の算定に当たっては、賃貸の用に供されている部分があっても、前記2のような按分計算は行いません。

Q26 配偶者居住権が設定されている建物の所有権の価額

甲が亡くなり相続人間で分割協議を行った結果、亡甲が所有していた家屋及び敷地は、長男が相続することになりました。

一方で、配偶者(長男の母)のために、当該家屋に配偶者居住権を設定し、配偶者が終身の間そこに住むことになりました。

なお、この家屋は2階に配偶者が住み、1階を第三者に貸し付けています。

この場合の長男が相続により取得した居住建物の相続税評価額の算定の仕方を教えてください。

〔居住家屋〕
2F 居住用 70㎡
1F 貸付用 80㎡

建物取得者	長男
配偶者の年齢	80歳
建物の固定資産税評価額	600万円
配偶者居住権の存続年数	終身(平均余命12年)
建物の残存年数	25年
法定利率(3％)の複利現価率	0.701

▶ **Answer**

配偶者居住権が設定されている建物の所有権の価額は、次の算式のとおり、配偶者居住権の目的となっている居住建物の時価から配偶者居住権の価額を控除して算定します。

《算式》

居住建物の所有権の価額 ＝ 居住建物の時価 － 配偶者居住権の価額

また、配偶者居住権の価額は、次の算式によって求めることができます。

Ⅱ 民法改正に伴う相続税実務への影響

《算式》

$$居住建物の時価 - 居住建物の時価 \times \frac{残存年数 - 存続年数}{残存年数} \times 複利現価率$$

ご質問のケースでは、まず配偶者居住権の価額を下記のとおり算定します。なお、一部が賃貸の用に供されているため居住建物の時価は、居住用部分に相当する価額を算定します。

(居住建物の時価)(注)　(居住建物の時価)(注)　　　　　　　　　　(複利現価率)

$$280万円 - 280万円 \times \frac{25年 - 12年}{25年} \times 0.701 = 1,779,344円$$

> **(注) 居住建物の時価**
>
> 居住建物の時価(相続税評価額)は、当該建物の一部が賃貸の用に供されているため、自用としての建物の価額に居住用部分の割合を乗じて計算します。
>
> (建物時価)　　(居住面積)
>
> $$600万円 \times \frac{70㎡}{150㎡} = 280万円$$
>
> 　　　　　　　(総床面積)

次に長男が取得した建物の価額を算定しますが、一部を賃貸の用に供していますので居住用部分と貸付用部分を個々に算定し、合計額により求めます。

(1) 居住建物の居住部分の価額

(居住建物の時価)　　(配偶者居住権の価額)　(配偶者居住権が設定された家屋の所有権の価額)

$$2,800,000円 - 1,779,344円 = 1,020,656円$$

(2) 居住建物の貸付部分の価額

$$6,000,000円 \times \frac{80㎡}{150㎡} \times (1 - 0.3) = 2,240,000円$$

（居住建物の時価）　（貸付面積）　　（借家権割合）（貸付部分の家屋の価額）
　　　　　　　　　（総床面積）

(3) 長男が取得した居住建物の所有権の評価額

(1) + (2) = 3,260,656円

5　配偶者居住権が設定されている居住建物の敷地の所有権の評価

　前記3では、配偶者居住権に基づき居住建物の敷地を使用する権利の価額、ある意味、利用権の評価について説明しましたが、本項では、配偶者居住権が設定された居住建物の敷地の評価、すなわち、借家人等のような利用権が付着している敷地の評価について説明します。

　配偶者居住権が設定されている居住建物の敷地の所有権の価額は、相続開始時において配偶者居住権が設定されていないものとした場合の土地等の時価から、前記3により計算した配偶者居住権に基づき居住建物の敷地を使用する権利の価額を控除した残額によって評価します（相法23の2④）。

《算式》

居住建物の敷地の所有権の価額 ＝ 相続開始時の土地等の時価(注) － 配偶者居住権に基づき敷地を使用する権利の価額

(注)**土地等の時価**

　「土地等の時価」とは、相続開始日における、配偶者居住権が設定されていないものとした場合の時価（評価通達の定めにしたがって計算した価額）をいいます。したがって、「土地等の時価」の算定に当たっては、居住建物の一部が賃貸の用に供されている部分があっても、前記3のように区分ごとに応じた計算を行いません。

Q27　配偶者居住権が設定されている居住建物の敷地の所有権の価額

甲が亡くなり相続人間で分割協議を行った結果、亡甲が所有していた家屋及びその敷地は、長男が相続することになりました。

一方で、配偶者（長男の母）のために、当該家屋に配偶者居住権を設定し、配偶者が終身の間そこに住むことになりました。

なお、この家屋は２階に配偶者が住み、１階を第三者に貸し付けています。

この場合の長男が相続により取得した居住建物の敷地の相続税評価額の算定の仕方を教えてください。

〔居住家屋〕

| 2F | 居住用 125㎡ |
| 1F | 貸付用 125㎡ |

敷地　200㎡
相続税評価額　4,000万円

建物及び敷地の所有者	長男
配偶者の年齢	70歳
借地権割合	70％
存続年数	終身（平均余命20年）
法定利率（３％）の複利現価率	0.554

▶ **Answer**

配偶者居住権が設定されている敷地（土地等）の所有権の価額は、次の算式のとおり、土地等の自用地としての価額から配偶者居住権に基づき敷地を使用する権利の価額を控除して求めます。

《算式》

居住建物の敷地の所有権の価額 ＝ 相続開始時の土地等の時価(注) － 配偶者居住権に基づき敷地を使用する権利の価額

また、配偶者居住権に基づき敷地を使用する権利の価額は、次の算式によって求めることができます。

《算式》

土地等の時価 − 土地等の時価 × 存続年数に応じた法定利率による複利現価率

ご質問のケースは、まず配偶者居住権に基づき敷地を使用する権利の価額を下記のとおり算定します。なお、一部が賃貸の用に供されているため土地等の時価は、居住用部分に相当する価額を算定します。

（土地等の時価）　（土地等の時価）　（複利現価率）
2,000万円（注） − 2,000万円（注） × 0.554 ＝ 892万円

（注）土地等の時価
　土地等の時価（相続税評価額）は、居住建物の一部が賃貸の用に供されているため、自用地価額に居住用部分の割合を乗じて算定します。

（土地等の時価）　　（居住面積）
4,000万円 × $\dfrac{125㎡}{250㎡}$ ＝ 2,000万円
　　　　　　　　　（総床面積）

次に長男が取得した配偶者居住権が設定された居住家屋の敷地の価額を算定しますが、居住建物は一部を賃貸の用に供されているため、居住部分と貸付部分を個々に算定して求めます。

(1) 居住家屋の敷地のうち配偶者居住権設定部分の価額

（土地等の時価）　（設定部分の敷地価額）　（配偶者居住権が設定された敷地の所有権の価額）
2,000万円 − 892万円 ＝ 1,108万円

(2) 居住家屋の敷地のうち貸付部分の価額

（土地等の時価）　（貸付面積）　（貸家建付割合）　（貸家建付地の価額）
4,000万円 × $\dfrac{125㎡}{250㎡}$ × 0.79（注） ＝ 1,580万円
　　　　　　　　　（総床面積）

> **(注)貸家建付割合**
> 　　（借地権割合）（借家権割合）（賃貸割合）
> 　1　－　0.7　×　0.3　×　1.0

(3) 長男が取得した配偶者居住権が設定された敷地の所有権の評価額

　　(1) ＋ (2) ＝ 2,688万円

6 物納の取扱い

　配偶者居住権を相続又は遺贈により取得した場合、当該権利は、相続税の課税対象ではありますが、民法上、第三者への譲渡が禁止されているため国への譲渡である物納の対象とはなりません。

(参考・民法)

> **第1032条《配偶者による使用及び収益》**
> 1　配偶者は、従前の用法に従い、善良な管理者の注意をもって、居住建物の使用及び収益をしなければならない。ただし、従前居住の用に供していなかった部分について、これを居住の用に供することを妨げない。
> 2　配偶者居住権は譲渡することができない
> 3及び4　省略

　一方で、配偶者居住権が設定されている居住建物とその敷地の所有権は、そのような制限はありませんから、物納の申請をすることは可能と考えられます。

　ただし、配偶者居住権が設定されている居住建物とその敷地については、これらを第三者へ譲渡した後でも、配偶者居住権自体が第三者に対抗できるため(配偶者居住権設定の登記をしている場合に限ります。)、存続期間中は配偶者居住権が存続し、買主は結果としてその使用及び収益することが事実上できないことから、物納後に国が換価しようとした場合には、困難を伴うことが想定されます。

　このように物納後に国が換価することが困難と考えられる財産については、**物納劣後財産**[注]とされ、物納に充てることができる順位が後れることから、他に物納申請に適した財産がある場合には、その財産から物納の申請をする必要があります。

ちなみに、配偶者居住権が設定されている建物とその敷地については、物納劣後財産とされています（相令19五）。

(注) 物納劣後財産
　「物納劣後財産」とは、物納に充てることができる財産のうち、物納財産ではあるが他の財産に比して物納の順位が後れるものをいい、例えば、次のような財産が該当します（相法41④、相令19）。
一　地上権等が設定されている土地
二　法令の規定に違反して建築された建物及びその敷地
三　現に納税義務者の居住の用又は事業の用に供されている建物及びその敷地
四　現に納税義務者の居住用又は事業用に供されている不動産
五　配偶者居住権の目的となっている建物及びその敷地
（六～十四省略）

7　配偶者居住権に関する課税関係

　前記2～5では、配偶者居住権、配偶者居住権が設定された家屋及びその敷地の所有権の評価の仕方について説明しましたが、本項では、配偶者居住権に関する相続税又は贈与税の課税関係について説明します。

　さしづめ、これまで説明してきましたように配偶者居住権は、相続税の課税の対象になるということですから、これが合意解除又は消滅した場合、居住家屋及びその敷地の所有者に対して配偶者居住権相当額の課税が行われるのか否かが重要なポイントになると思われます。

(1)　配偶者居住権の設定後、関係者が死亡した場合(二次相続)

　イ　配偶者が死亡した場合

　　配偶者居住権を有していた配偶者が死亡した場合には、民法の規定により配偶者居住権が消滅することとなります(民法597③、1036)。

　　そして、配偶者居住権が消滅すると、居住建物の所有者は、その居住建物に係る使用収益をすることができるようになりますが、配偶者居住権の消滅は、民法の規定により(予定どおり)消滅するのであり、配偶者から居住建物の所有者に相続を原因として移転する財産はありませんので、相続税の課税関係は生じません(配偶者居住権の存続期間が終身ではなく、例えば、20年といった有期で設定されていて、配偶者が亡くなったことにより、存続期間が満了した場合も、同様に贈与税の課税関係は生じません。)。

　　この点について、居住建物の所有者が使用収益することが可能となったことを利益と捉え、その居住建物の所有者にみなし課税をするという考え方もできますが、このように配偶者の生存中存続し、死亡に伴い消滅するという権利関係が生じるのは、①民法に定められた配偶者居住権の意義やそのものに由来するものであること、②

居住建物の所有者は、配偶者居住権の存続期間中のみ、自らの使用収益が制約されていること及び③前記2～5で述べた配偶者居住権の評価方法の考え方からすれば、建物所有者の負担は有効期間にわたり逓減していくものであり、配偶者の死亡によって一気に解消されるものではないことを踏まえれば、課税の公平上問題があるとも言えないから、みなし課税は行わないとされています。

> **(注)死亡したケースと合意解除・放棄との違い**
> 配偶者居住権者が死亡した場合は、配偶者居住権の合意解除、放棄があった場合と異なり、配偶者は、その死亡による配偶者居住権の消滅時に、当初設定した配偶者居住権に基づいて、建物の無償の使用収益が完了になることから、移転し得る経済価値は存在しないとも考えられ、相続税法第9条の規定の適用もないと考えられます。

なお、配偶者居住権の価額を求める算式中の「存続年数」は、原則として「平均余命」によることとされていますが、実際には、配偶者は相続税の課税時期における平均余命より早く亡くなる場合もあれば、それより長く生存される場合もあります。この場合、課税時期に想定された平均余命による評価額と実際の死亡時期を用いた事後的な評価額とでは結果的に差を生じることとなりますが、平均余命による評価は、課税時期における最も合理的な評価方法であると考えられることから、この差が生じたことに伴い事後的に税額を調整する必要はないものと考えられます。

この点は、同じく平均余命によっている相続税法第24条の定期金に関する権利の評価においても同様の取扱いとなっています。

ロ　配偶者より先に所有者が死亡した場合又は贈与した場合
　　配偶者より先に居住建物の所有者が死亡した場合には、居住建物の所有権部分について所有者の相続人に相続税が課されます。

この場合、配偶者居住権は存続中ですので、亡所有者の相続開始時の居住建物の評価の対象は前記4の配偶者居住権が設定されている居住建物の所有権の評価と同様になります(居住建物の敷地についても同様です。)。

　また、居住建物の所有者が所有権部分を他者に贈与した場合も同様に贈与税が課税されますが、その場合の課税価格は、贈与時点における居住建物(自用)の時価から配偶者居住権部分を控除した金額となります(居住建物の敷地も同様です。)。

(2) 存続期間の中途で合意解除、放棄等があった場合

　配偶者居住権は、当初設定した存続期間をその途中で変更することはできないと解されていますが、配偶者が配偶者居住権を放棄すること又は配偶者と所有者との間の合意により解除することは可能と解されています。

　また、配偶者が民法第1032条第1項の用法遵守義務に違反した場合には、居住建物の所有者は、配偶者居住権を消滅させることができます。

　このように配偶者居住権の存続期間の満了前に何らかの事由により配偶者居住権が消滅することとなった場合には、居住建物の所有者は期間満了前に居住建物の使用収益することができることとなります。

　こうしたケースは、配偶者が配偶者居住権を消滅させたことにより所有者に使用収益する権利を移転させたものと考えられることから、相続税法第9条の規定により配偶者から贈与があったものとみなして居住建物の所有者に対して贈与税が課税されるものと考えられます。

　この場合に移転するのは、配偶者居住権であり、贈与時点の価額が課税標準額となります(敷地も同様です。)。

(参考・民法)

第1032条《配偶者による使用及び収益》

配偶者は、従前の用法に従い、善良な管理者の注意をもって、居住建物の使用及び収益をしなければならない。ただし、従前居住の用に供していなかった部分について、これを居住の用に供することを妨げない。

2 配偶者居住権は、譲渡することができない。

3 配偶者は、居住建物の所有者の承諾を得なければ、居住建物の改築若しくは増築をし、又は第三者に居住建物の使用若しくは収益をさせることができない。

4 配偶者が第1項又は前項の規定に違反した場合において、居住建物の所有者が相当の期間を定めてその是正の催告をし、その期間内に是正がされないときは、居住建物の所有者は、当該配偶者に対する意思表示によって配偶者居住権を消滅させることができる。

第1035条《居住建物の返還等》

配偶者は、配偶者居住権が消滅したときは、居住建物の返還をしなければならない。ただし、配偶者が居住建物について共有持分を有する場合は、居住建物の所有者は、配偶者居住権が消滅したことを理由としては、居住建物の返還を求めることができない。

2 第599条第1項及び第2項並びに第621条の規定は、前項本文の規定により配偶者が相続の開始後に附属させた物がある居住建物又は相続の開始後に生じた損傷がある居住建物の返還をする場合について準用する。

第1036条《使用貸借及び賃貸借の規定の準用》

第597条第1項及び第3項、第600条、第613条並びに第616条の2の規定は、配偶者居住権について準用する。

Ⅱ　民法改正に伴う相続税実務への影響

(参考・相続税法基本通達)

> 9-13の2《配偶者居住権が合意等により消滅した場合》
>
> 　配偶者居住権が、被相続人から配偶者居住権を取得した配偶者と当該配偶者居住権の目的となっている建物の所有者との間の合意若しくは当該配偶者による配偶者居住権の放棄により消滅した場合又は民法第1032条第4項《建物所有者による消滅の意思表示》の規定により消滅した場合において、当該建物の所有者又は当該建物の敷地の用に供される土地(土地の上に存する権利を含む。)の所有者(以下9-13の2において「建物等所有者」という。)が、対価を支払わなかったとき、又は著しく低い価額の対価を支払ったときは、原則として、当該建物等所有者が、その消滅直前に、当該配偶者が有していた当該配偶者居住権の価額に相当する利益又は当該土地を当該配偶者居住権に基づき使用する権利の価額に相当する利益に相当する金額(対価の支払があった場合には、その価額を控除した金額)を、当該配偶者から贈与によって取得したものとして取り扱うものとする。
>
> (注)　民法第1036条《使用貸借及び賃貸借の規定の準用》において準用する同法第597条第1項及び第3項《期間満了及び借主の死亡による使用貸借の終了》並びに第616条の2《賃借物の全部滅失等による賃貸借の終了》の規定により配偶者居住権が消滅した場合には、上記の取り扱いはないことに留意する。

(3)　小規模宅地等の課税価格の計算の特例

　平成30年7月の民法改正により配偶者の居住権保護のための方策として、配偶者が相続開始時に居住していた被相続人の所有建物を対象に、終身又は一定期間、配偶者にその使用・収益を認めることを内容とする法定の権利が新設され、遺産分割における選択肢の一つとして、配偶者に配偶者居住権を取得させることができるようになったほか、被相続人が遺贈等によって配偶者に配偶者居住権を相続させることができるようになりました。

この配偶者居住権は、借家権類似の建物についての権利とされていることから、配偶者居住権自体が小規模宅地特例の対象となることはありません。
　他方、配偶者居住権に付随するその目的となっている居住建物の敷地を使用する権利（敷地使用権）については、「土地の上に存する権利」に該当するので、小規模宅地特例の対象となります。
　なお、小規模宅地特例を受けるものとしてその全部又は一部の選択をしようとする宅地等が、①配偶者居住権の目的となっている建物の敷地の用に供される宅地等又は②配偶者居住権が設定された土地の所有権である場合には、それぞれの宅地等面積は、その敷地全体の面積に、それぞれその敷地の用に供される宅地等の価額又はその敷地使用権の価額がこれらの価額の合計額のうちに占める割合を乗じて得た面積であるものとみなして計算をし、①又②の宅地等の限度面積要件を判定します（措令40の2⑥）。

(4) **適用関係**
　前記1〜4の改正は、令和2年4月1日以後に開始する相続により取得する財産に係る相続税について適用されます。

Ⅱ　民法改正に伴う相続税実務への影響

配偶者居住権が設定されている場合における小規模宅地等の面積調整

【事例】
(1)　土地：更地の相続税評価額4,000万円　面積200㎡
(2)　配偶者居住権に基づく敷地使用権の価額1,000万円
　　　配偶者居住権が設定された敷地所有権の価額3,000万円
(3)　子が土地・建物を相続
(4)　配偶者が配偶者居住権を取得
　　（前提、2人とも小規模宅地の特例要件を満たしている）
(5)　建物に配偶者と子が居住
この場合の配偶者居住権付建物の敷地使用権及び配偶者居住権が設定された土地の所有権の小規模宅地等の特例の適用面積について教えてください。

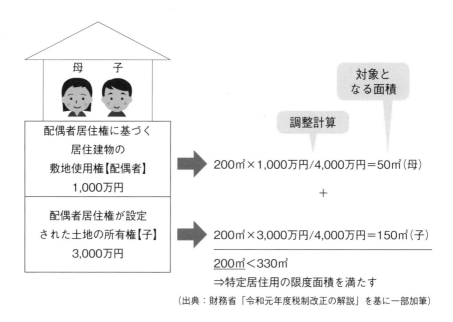

(出典：財務省「令和元年度税制改正の解説」を基に一部加筆)

1 配偶者居住権の創設に伴う相続税法の改正

Q28　配偶者居住権が消滅した場合の非課税の理由

配偶者居住権は、配偶者の死亡又は存続期間満了により消滅しますが、建物所有者は従前までの配偶者に対する使用収益義務から解放され、完全所有権に帰属することになります。

このような場合でも建物所有者に相続税及び贈与税は課さないとされているようですが、理由を教えてください。

▶**Answer**

　配偶者居住権が消滅し居住建物の所有者が当該建物の使用収益をすることが可能となったことを利益と捉え、その居住建物の所有者に対してみなし課税をするという考え方もあります。

　しかし、配偶者居住権が配偶者の生存期間中だけ存続し、死亡や存続期間の満了によって消滅するとしたのは、民法に定められた配偶者居住権の意義そのものに由来するものであります。また、①居住建物の所有者は、配偶者居住権の存続期間中のみ自らの使用収益が制約されていたこと、②配偶者居住権の評価方法の考え方からすれば、その負担は存続期間にわたって逓減するものであり、配偶者の死亡時や存続期間満了時に一気に解消されるのではありません。

　こうした点を考慮すると仮に配偶者居住権が消滅したときに建物所有者に課税を行わなくても課税の公平上弊害があるとも言えません。

　さらに、配偶者の死亡や存続期間の満了は、配偶者居住権の合意解除や放棄があった場合と異なり、その死亡等による配偶者居住権の消滅によって、当初設定した配偶者居住権に基づいて建物を使用収益することが完了に至ることから、移転し得る経済価値は存在しないとも考えることができ、したがって相続税法第9条の規定の適用もないと考えられます。

Ⅱ　民法改正に伴う相続税実務への影響

Q29　民法で定める配偶者居住権の消滅事由

民法で定める配偶者居住権の消滅事由を教えてください。
また、消滅した場合の課税関係について教えてください。

▶ Answer

民法で定める配偶者居住権の消滅事由及びそれに係る課税関係は、次のとおりです。

1　配偶者居住権の消滅事由

民法で定める配偶者居住権の消滅する事由は次のとおりです。
(1)　配偶者が死亡した場合(民法1036条、597条3項)
(2)　遺産分割協議、遺贈・遺産分割の審判において期間を定めた場合でその期間が満了した場合(民法1036条、597条1項)
(3)　用法遵守義務や善管注意義務に違反した場合において居住建物所有者が消滅の意思表示をした場合(民法1032条4項)
(4)　居住建物の全部が滅失その他の事由により使用及び収益をすることができなくなった場合(民法1036条、616条の2)

なお、配偶者居住権が消滅した場合には、居住建物を返還しなければなりませんが(民法1035)、配偶者が居住建物に共有持分を有する場合には配偶者居住権が消滅した場合であっても、配偶者は居住建物を明け渡す必要はなく自らの持分に基づいて、居住し続けることができます。

2　課税関係

配偶者が死亡した場合には、民法の規定により配偶者居住権が消滅することになります。配偶者居住権が消滅すれば、居住建物は所有者に返還されますので、居住建物の所有者は、使用収益することができるようになります。

ただし、配偶者が死亡したことによる配偶者居住権の消滅は、民法で定められた事由により消滅するのであって、配偶者から居住建物の所有者に相続を原因として移転する財産はありませんので相続税の課税関係は生じません。
 また、配偶者居住権の存続期間が終身でなく、例えば、10年といった期間で設定されていて、その存続期間が終了した場合にも同様に課税関係は生じません。
 ただし、期間の途中で配偶者居住権の合意解除や放棄があった場合又は用法違反による所有者からの意思表示による配偶者居住権の消滅の場合には、居住建物の所有者は、期間満了前に使用収益をすることができるようになります。こうした場合には、配偶者が配偶者居住権を消滅させたことにより所有者に使用収益する権利を与えたと考えられることから、相続税法第9条の規定により配偶者から贈与があったものとみなして居住建物の所有者に対して贈与税が課せられます(敷地も同様です。)。
 参考通達は84ページを参照してください。

Ⅱ　民法改正に伴う相続税実務への影響

> **Q30　配偶者居住権が設定された土地等の小規模宅地の適用面積**
>
> 甲が亡くなり相続人間で遺産分割協議を行ったところ、相続開始まで配偶者（長男も同居）が居住していた家屋及びその敷地は長男が取得し、母の為にその家屋に配偶者居住権を設定することにしました（なお、その家屋には従前どおり長男も居住し続けます。）。
>
> この場合の配偶者居住権が設定された土地の小規模宅地の適用面積の考え方を教えてください。
>
>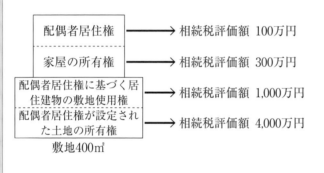

▶ **Answer**

　ご質問によると甲の相続税の申告では、小規模宅地等の特例（特定居住用宅地等）の適用を考えているようですが、配偶者（長男からみて母）及び長男は、被相続人と同居しており、相続開始後、居住し続けるようですので共に適用要件を満たしていると考えます。

　配偶者及び長男が居住していた家屋の敷地は、400㎡で限度面積330㎡を超えていますので、330㎡までの中で配偶者居住権に基づく居住建物の敷地使用権の面積及び長男が取得する土地の所有権の面積を選択する必要があり、それに応じて各人が小規模宅地等の特例の計算を行うことになります。

なお、各人のそれぞれの宅地の面積は、その敷地全体の面積に、配偶者居住権が設定された敷地使用権の価額又は配偶者居住権が設定された土地の所有権の価額がこれらの価額の合計額のうちに占める割合を乗じて算定します。

(1) 配偶者居住権が設定された敷地使用権の面積

$$400㎡ \times \frac{1,000万円}{1,000万円+4,000万円} = 80㎡$$

(2) 配偶者居住権が設定された土地の所有権の面積

$$400㎡ \times \frac{4,000万円}{1,000万円+4,000万円} = 320㎡$$

ご質問では、長男が取得する土地の所有権及び母が設定を受けた配偶者居住権が設定された敷地使用権について小規模宅地等の特例の適用を考えているようですが、ご質問において最も相続税の負担が少なくなるケースを想定しているのであれば、土地の所有権の価額(単価)の方が敷地使用権の価額(単価)より高いことから、小規模宅地の特例の適用については、まず長男が取得する土地の所有権の320㎡を選択し、残りの10㎡(330㎡-320㎡)は、母が設定を受けた敷地使用権に充てるべきと考えます。

Q31　配偶者居住権と小規模宅地の特例

配偶者居住権に基づく敷地使用権及び配偶者居住権が設定された敷地の所有権は、どちらも適用要件を満たせば小規模宅地の特例の適用は可能と考えます。

配偶者居住権に基づく敷地使用権は、配偶者が取得するのでほとんどの場合、小規模宅地の特例要件を満たしているかと思いますが、配偶者居住権が設定された敷地(いわば底地)部分については、敷地を取得した相続人が一定の要件を満たす必要があるかと思います。

こうした場合に注意すべき点があれば教えてください。

▶ Answer

配偶者居住権自体は、家屋に係る権利なので小規模宅地等の特例の適用を受けることはできませんが、配偶者居住権に基づく敷地使用権及び配偶者居住権が設定された居住家屋の敷地(いわば底地)は、その敷地等の上に被相続人等が居住していれば適用が可能となります。

小規模宅地等の特例の適用要件のポイントは、取得者といえますが、配偶者居住権に基づく「敷地使用権」は配偶者が取得することになるため、ほとんどのケースで特定居住用宅地等に該当する(特定居住用宅地の適用に当たり、配偶者取得要件は最も緩いと考えられています。)と考えられますが、「底地」が特定居住用宅地等に該当するためには、取得者(相続人)は被相続人と同居していた親族等に該当する必要があります(措法69の4③二)。

すなわち、土地の取得者は、その敷地の上の居住家屋に被相続人と同居しているか又は被相続人と生計を一にしているのでなければ適用を受けることはできません。

Q32 配偶者居住権が設定された場合の家屋及び敷地の評価・小規模宅地の特例
(存続年数が残存耐用年数以内にある場合)

甲が亡くなり甲が所有していた居住用不動産について、分割協議が成立し、居住用不動産は子が相続し、当該家屋には配偶者(80歳)のために配偶者居住権を設定しました。

この場合の上記財産の相続税評価額と小規模宅地等の特例について教えてください。

なお、配偶者と子は、居住家屋に同居しており、ともに小規模宅地の特例の適用要件を満たしています。

〔居住家屋〕

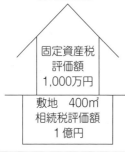

(1) 建物は木造で耐用年数は24年で、築年数は10年と7ヶ月。
(2) 配偶者居住権の存続年数は終身(80歳の女性の平均余命年数は11.71)。
(3) 法定利率3%の期間12年の複利現価率は0.701。

▶ Answer

ご質問は、配偶者が取得した配偶者居住権(家屋及び敷地使用権)及び子が取得した居住用不動産の価額の算定の仕方と小規模宅地の特例の適用についてだと思いますが、次のとおりです。

1 配偶者が取得した「配偶者居住権」及び「配偶者居住権に基づく敷地の使用権」の価額は、次のように計算して求めます。

(1) 配偶者居住権の価額

$$1,000万円 \overset{\text{(居住建物の時価)}}{-} 1,000万円 \overset{\text{(居住建物の時価)}}{\times} \frac{\{(36年 - 11年^{(注1)}) - 12年^{(注3)}\}}{(36年 - 11年^{(注2)})} \times 0.701$$

$$= 6,354,800円$$

(注1) 建物の耐用年数は、24年×1.5＝36年となります。
(注2) 建物の築年数は10年と7ヶ月なので11年となります。
(注3) 80歳の平均余命は、11.71ですので12年となります。

(2) 配偶者居住権に基づく敷地使用権の価額

（土地の時価）　（土地の時価）　（複利現価率）
　1億円　－　1億円　×　0.701　＝　2,990万円

2　長男が取得した「配偶者居住権が設定された建物の所有権」及び「居住建物の敷地」の所有権の価額は、次のように計算して求めます。

(1) 配偶者居住権が設定された建物の所有権の価額

（居住建物の時価）　　　（配偶者居住権）
10,000,000円　－　6,354,800円　＝　3,645,200円

(2) 居住建物の敷地の所有権の価額

（自用地価額）（配偶者居住権に基づく使用権）
1億円　－　2,990万円　＝　7,010万円

3　小規模宅地の特例の適用に当たっては、それぞれの宅地等の面積を算定する必要がありますが、敷地全体の面積に(1)配偶者居住権に基づく敷地使用権の価額と(2)居住建物の敷地の所有権の価額比を乗じて、各宅地等の面積を算定します。

(1) 配偶者居住権に基づく敷地使用権の面積

$$400㎡ \times \frac{2,990万円}{1億円} = 119.6㎡$$

(2) 居住建物の敷地の所有権の面積

$$400㎡ \times \frac{7,010万円}{1億円} = 280.4㎡$$

ご質問の全体敷地の面積が400㎡であるのに対し、小規模宅地の特例の適用面積の上限は330㎡ですので、特例適用地を選択する必

要がありますが、節税効果を最も高くするためには単価の高い長男が取得する居住建物の敷地(280.4㎡)の所有権価額から先に選択し、残り(49.6㎡)を配偶者居住権に基づく敷地使用権に適用するのが相当です。

なお、小規模宅地の特例を適用した後の各土地の評価額は、次のとおりになります。

① **長男が取得した居住建物の敷地の所有権の評価額**

7,010万円 × (1 − 0.8) = 1,402万円

② **配偶者居住権に基づく敷地使用権の評価額**

$$2{,}990万円 - 2{,}990万円 \times \frac{49.6㎡}{119.6㎡} \times 0.8 = 1{,}998万円$$

Ⅱ　民法改正に伴う相続税実務への影響

> **Q33　配偶者居住権が設定された場合の家屋及び敷地の評価・小規模宅地の特例**
> **（存続年数が残存耐用年数を超える場合）**
>
> 　甲が亡くなり甲が所有していた居住用不動産について、分割協議が成立し、居住用不動産は子が相続し、当該家屋には配偶者(80歳)のために配偶者居住権を設定しました。
> 　この場合の上記財産の相続税評価額と小規模宅地等の特例について教えてください。
> 　なお、配偶者と子は、居住家屋に同居しており、小規模宅地の特例の適用要件を満たしています。
>
>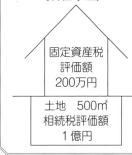
>
> (1)　建物は木造モルタルで耐用年数は20年で、築年数は28年と2ヶ月。
>
> (2)　配偶者居住権の存続年数は終身(80歳の平均余命年数は11.71)。
>
> (3)　法定利率3％の期間12年の複利現価率は0.701。

▶ Answer

　ご質問は、配偶者が取得した配偶者居住権（家屋及び敷地使用権）及び子が取得した居住用不動産の価額の算定の仕方と小規模宅地の特例の適用についてだと思いますが次のとおりです。

1　配偶者が取得した「配偶者居住権」及び「配偶者居住権に基づく敷地使用権」の価額は、次のように計算して求めます。

　(1)　**配偶者居住権の価額**

$$200万円_{(居住建物の時価)} - 200万円_{(居住建物の時価)} \times \frac{\{(30年-28年-12年)\}^{(注1)(注2)(注3)}}{(30年-28年)} \times 0.701$$
$$= 200万円$$

96

(注1) 建物の耐用年数は20年×1.5＝30年となります。
(注2) 建物の築年数は28年と2ヶ月なので28年となります。
(注3) 80歳の平均余命は、11.71なので12年となります。
(注4) 分数の項の分母又は分子が0以下となる場合には、分数の項を0として計算します。

(2) **配偶者居住権に基づく敷地使用権の価額**

$$\underset{(土地の時価)}{1億円} - \underset{(土地の時価)}{1億円} \times \underset{(複利現価率)}{0.701} = 2,990万円$$

2　長男が取得した「配偶者居住権が設定された建物の所有権」及び「居住建物の敷地」の所有権の価額は、次のように計算して求めます。

(1) **配偶者居住権が設定された建物の所有権の価額**

$$\underset{(居住建物の時価)}{200万円} - \underset{(配偶者居住権)}{200万円} = 0円$$

(2) **居住建物の敷地の所有権価額**

$$\underset{(自用地価額)}{1億円} - \underset{(配偶者居住権に基づく使用権)}{2,990万円} = 7,010万円$$

3　小規模宅地の特例の適用に当たっては、それぞれの宅地等の面積を算定する必要がありますが、敷地全体の面積に(1)配偶者居住権に基づく敷地使用権の価額と(2)居住建物の敷地の所有権の価額比を乗じて、各宅地等の面積を算定します。

(1) **配偶者居住権に基づく敷地使用権の面積**

$$500㎡ \times \frac{2,990万円}{1億円} = 149.5㎡$$

(2) **居住建物の敷地の所有権の価額**

$$500㎡ \times \frac{7,010万円}{1億円} = 350.5㎡$$

Ⅱ　民法改正に伴う相続税実務への影響

　ご質問の全体敷地の面積は500㎡であるのに対し、小規模宅地の特例の適用面積の上限は330㎡ですので、特例適用地を選択する必要がありますが、節税効果を最も高くするためには、単価の高い長男が取得する居住建物の敷地(350.5㎡)の所有権価額に適用するのが相当です。

　なお、小規模宅地の特例の適用をした後の各土地の評価額は、次のとおりになります。

① 配偶者居住権に基づく敷地使用権の評価額
　2,990万円

② 長男が取得した居住建物の敷地の所有権の評価額
　$7,010万円 - 7,010万円 \times \dfrac{330㎡}{350.5㎡} \times 0.8 = 1,730万円$

Q34　配偶者居住権の価額を鑑定評価で算定した場合

配偶者居住権は、相続税の課税の対象となることとされ、その評価方法については相続税法第23条の2に規定されています。

この配偶者居住権の評価方法は、相続税の申告をするためのものですが、相続人間の合意を図るため、鑑定評価等により算定した配偶者居住権の価額を前提に分割協議等を行うことは可能でしょうか。

▶ Answer

配偶者居住権の設定は、遺産分割協議の成立や遺言のほか家庭裁判所の審判などにより設定されますが、その設定に際し配偶者居住権の価額について、相続人全員の合意を得ることを目的として、不動産鑑定評価等により算定した配偶者居住権の価額を前提に相続人間の調整を図るということも可能です。

ただし、相続税の申告においては、配偶者居住権及びその敷地使用権の価額(配偶者居住権が設定されている居住家屋及びその敷地の所有権の価額も同様です。)は、相続税法第23条の2に基づき法定評価をしなければならず、他の方法で評価することは認められません。

例えば、相続人間の調整がなかなかつかないため、配偶者居住権の価額の算定を不動産鑑定士に依頼し、仮に1,000万円の鑑定結果が算出され、それを前提に遺産分割協議が成立したとしても、相続税法第23条の2の規定に従って計算した配偶者居住権の価額が2,000万円と計算されたのであれば、配偶者居住権の相続税の申告上の価額は2,000万円となります。

この場合、配偶者居住権の鑑定評価額1,000万円を前提に分割協議が成立していたとしても、相続税の申告上の配偶者居住権及び他の財産の価額には影響を及ぼしません。

Q35　鑑定評価上の配偶者居住権の考え方

遺産分割協議においては、相続税法第23条の2に基づき算定した配偶者居住権の価額によらないで、相続人間で合意した価額（例えば、鑑定評価）で調整を図り配偶者居住権を設定することも可能であると聞きました。

鑑定評価における配偶者居住権の評価の考え方を教えてください。

▶ Answer

配偶者居住権は、民法改正により創設されたもので令和2年4月1日以降に成立が認められますが、施行後は本制度に関する理解が広がり、その件数も増えることが予想されます。

配偶者居住権は、相続税の課税対象となることが明らかにされており、そのための相続税評価額を計算する方法は、相続税法第23条の2に規定されました。ただし、相続税法で定める配偶者居住権の評価方法は、誰もが申告できることを考慮して簡便で画一的であることに重点が置かれています。そうした意味においては、相続人間の調整を図ることを目的として厳密な意味での配偶者居住権の時価の算定も必要になってくることもあろうかと思います。

配偶者居住権の鑑定評価に当たっては、他の鑑定評価と同様、原則として不動産鑑定評価基準に則って行うことが重要ですが、現行の不動産鑑定評価基準には、新たに創設された配偶者居住権等に係る鑑定評価手法等に関する規定はないため、今後、新たな鑑定評価基準などの制定を待つことになります。

なお、公益財団法人日本不動産鑑定士連合会では「配偶者居住権の鑑定評価に関する実務指針」（案）に対して、意見募集の提出（パブリックコメント）を求めており、その後、それが正式に採用されれば「本実務指針」に則って評価することになるかと思われます。

ちなみに、現在発表されている実務指針(案)を確認したところ、相続税法上の配偶者居住権の評価は、相続開始時から存続期間終了時までの期間の使用減価から間接的に算定するのに対し、鑑定評価の場合には、配偶者居住権は、居住建物を一定期間無償で使用できるという点を重視し、配偶者居住権が存続する期間中に受けることになる経済的利益(その期間の賃料相当額の総額)から直接的に算定することを考えているようです。

Ⅱ　民法改正に伴う相続税実務への影響

Q36　配偶者居住権を利用すべきかどうか

甲が亡くなり甲所有の居住用不動産（土地及び建物）について相続人間（配偶者、長男、次男及び長女）で遺産分割協議を行っています。

将来の財産争いを防止することも考え、居住用不動産は長男が取得し、配偶者は当該家屋に配偶者居住権を設定し、従前のまま居住する案が有力です。

相続税負担の面から何か注意すべき点はありますか。

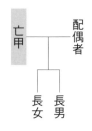

▸ **Answer**

亡甲の相続において、ご質問のとおり、甲が所有していた居住用不動産に配偶者居住権を設定し、配偶者（子供からみて母）が配偶者居住権を、長男が配偶者居住権という負担付の居住用不動産の所有権を相続したと仮定します。相続税法上では、配偶者居住権及び配偶者居住権の目的となっている建物及びその敷地の所有権が課税対象となりますが、近い将来、生じるであろう配偶者の相続（二次相続）のことも合わせて考える必要があります。

配偶者居住権は、配偶者が亡くなると、民法上当然に消滅しますが、相続税の取扱いでも、二次相続（ここでは配偶者の相続）において配偶者居住権が相続税の課税対象となることはありません。

すなわち、配偶者の二次相続が生じた場合、配偶者居住権は消滅することになりますが、一方で、長男が相続した居住用不動産は、配偶者居住権の消滅により配偶者居住権という負担がなくなり、自ら使用収益することが可能となるので当然価値は増加します。そこで、この価値増加に対してみなし相続課税が行われるべきではないかという考え方もありますが、相続税の取扱いとしては、みなし課税は行わない

とされています。

　また、甲の相続においては、当然、配偶者居住権も相続税の課税対象となっていますが、配偶者が相続により取得する財産は、配偶者の税額軽減により①１億6,000万円までの財産又は②法定相続分のいずれか大きい金額までは税負担が生じません。実務上、この税額軽減の恩恵により夫の相続のときに妻が相続税を支払うケースは少ないと思いますが、配偶者居住権もこの税額軽減の対象の中に含めることができれば、配偶者が配偶者居住権を取得しても相続税の負担は生じません。

　上記より、甲が所有していた居住用不動産の相続においては、配偶者居住権を設定して、配偶者(長男からみた母)が配偶者居住権を取得すると同時に、長男が配偶者居住権付き居住用不動産を取得することとする案が相当と考えます。そうすることにより、長男が取得する居住用不動産の評価額も下がりますし、また将来、配偶者が亡くなったときに配偶者居住権は自然に消滅しますので配偶者居住権相当額は、一度も相続税の負担なく長男に移転させることができます。

　この場合、配偶者居住権の価額が大きければ大きいほど節税効果は大きいということが言えます。

　また、居住用不動産の所有権を長男に相続させることによって将来の遺産争いを未然に防止することもできます。

Ⅱ　民法改正に伴う相続税実務への影響

Q37　配偶者居住権及びその目的となっている建物等の評価のまとめ

配偶者居住権等及びその目的となっている建物並びにその敷地等の評価について整理するとどうなりますか。

▸ Answer

配偶者居住権及びその目的となっている建物並びにその敷地等の評価を整理すると次のようになります。

1　配偶者

配偶者が取得した配偶者居住権に係る居住建物及び配偶者住居権が設定された居住家屋に係る敷地の使用権の課税評価額は、次のとおりです。

(1)　配偶者居住権(建物)の課税評価額

《算式》

$$建物の固定資産税評価額 \times \frac{\left(法定耐用年数 \times 1.5 - 築年数\right) - 存続年数}{\left(法定耐用年数 \times 1.5 - 築年数\right)} \times 存続年数に応じた民法の法定利率による複利現価率$$

(2)　居住家屋の敷地等の使用権の課税評価額

《算式》

$$土地の相続税評価額 \times 存続年数に応じた法定利率による複利現価率$$

2　配偶者以外の相続人

配偶者以外の相続人が取得した配偶者居住権が設定された居住建物及びその敷地等の所有権の課税評価額は、次のとおりです。

(1)　居住建物の課税評価額

《算式》

$$建物の固定資産税評価額 - \boxed{1(1)の価額}$$

(2) 土地等の課税評価額

《算式》

土地等の相続税評価額 － 　1(2)の価額

2 遺留分制度に関する見直し

1 遺留分制度の見直しの概要

　遺留分とは、兄弟姉妹以外の相続人のために民法が定めた被相続人が自由に処分することのできない遺産の一定部分(不可侵的相続分)をいいます。

　したがって、遺留分は被相続人からみれば財産処分(遺言)の自由に対する制約を意味し、相続人からみれば相続により期待できる最小限の財産の確保を意味します。

　この遺留分を侵害された相続人が請求し得る権利を遺留分減殺請求権といい、この権利の行使には訴えの方法によることを要しないと解されています。

　なお、遺留分の割合は、相続人の態様に応じて、総体的遺留分の割合に各遺留分権利者に認められる法定相続分を乗じた割合とされています。

〔相続人と遺留分の割合〕

遺留分権利者	相続人の態様		総体的遺留分の割合	最終的な遺留分割合
相続人（兄弟姉妹を除く）	直系尊属のみ		1/3	1/3 ×（各相続人の法定相続分）
	その他	直系卑属のみ	1/2	1/2 ×（各相続人の法定相続分）
		直系卑属と配偶者		
		直系尊属と配偶者		
		配偶者と兄弟姉妹		
		配偶者		

改正前の民法では、遺留分による減殺請求をした場合、物権的効力が生じ、遺贈又は過去の贈与が無効となり、遺贈又は贈与をされていた財産に関する権利が遺留分減殺請求を行った者に移転することとされていました。

　この場合、遺留分減殺請求者と減殺された者との間で財産が共有状態になることも多く、遺贈又は贈与の目的となった財産が事業用財産であった場合に円滑な事業承継に困難が生じるとの指摘もありました。

　そこで、減殺請求から生ずる権利を金銭債権化することとされました（民法1046①）。これにより事業用財産等が共有状態になることを避け、遺贈や贈与の目的財産を受遺者等に与えたいという遺言者の意思を尊重することができるという効果があります。

（参考・民法）

第1046条《遺留分侵害額の請求》

　遺留分権利者及びその承継人は、受遺者(特定財産承継遺言により財産を承継し又は相続分の指定を受けた相続人を含む。以下この章において同じ。)又は受贈者に対し、遺留分侵害額に相当する金銭の支払を請求することができる。

2　遺留分侵害額は、第1042条の規定による遺留分から第１号及び第２号に掲げる額を控除し、これに第３号に掲げる額を加算して算定する。

一　遺留分権利者が受けた遺贈又は第903条第１項に規定する贈与の価額

二　第900条から第902条まで、第903条及び第904条の規定により算定した相続分に応じて遺留分権利者が取得すべき遺産の価額

三　被相続人が相続開始の時において有した債務のうち、第899条の規定により遺留分権利者が承継する債務(次条第３項において「遺留分権利者承継債務」という。)の額

Ⅱ　民法改正に伴う相続税実務への影響

改正前

① 遺留分減殺請求権の行使によって共有状態が生ずる。
　← 事業承継の支障となっているという指摘
② 遺留分減殺請求権の行使によって生じる共有割合は、目的財産の評価額等を基準に決まるため、通常は、分母・分子とも極めて大きな数字となる。
　← 持分権の処分に支障が出るおそれ

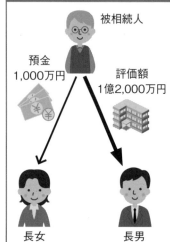

被相続人は、事業を手伝っていた長男に土地建物（評価額1億2,000万円）を、長女に預金1,000万円を相続させる旨の遺言をした（配偶者は既に死亡）。遺言の内容に不満な長女が長男に対し、遺留分減殺請求

長女の遺留分侵害額　2,250万円
（1億2,000万円＋1,000万円）×1/2×1/2
－1,000万円

（改正前）
土地建物が長男と長女の共有状態に
持分割合
➡ 長男　9,750万円／1億2,000万円
　　長女　2,250万円／1億2,000万円

共有

改正後（令和元年7月1日施行）

① 遺留分減殺請求権の行使により、金銭の支払いを請求することができるようになり、共有関係が当然に生ずることを回避することができる。
② 遺贈や贈与の目的財産を受遺者等に与えたいという遺言者の意思を尊重することができる。

（改正後）
遺留分減殺請求によって生ずる権利は金銭債権となる。
長女は長男に対し、2,250万円を請求できる。

単独所有
金銭請求

（出典：法務省パンフレット「相続に関するルールが大きく変わります」を基に一部加筆）

2　相続税の課税関係

　改正前の相続税法では申告期限後に「遺留分による減殺の請求に基づき返還すべき、又は弁償すべき額が確定した場合」には、その事由が生じたことを知った日の翌日から４ヶ月以内に更正の請求をすることができる旨が定められていました(旧相法32①三)。

　具体的には、相続税法特有の期限の定めなく更正の請求ができる相続税法第32条第１項で定める事由のうち第三号で規定する「遺留分による減殺の請求に基づき返還すべき、又は弁償すべき額が確定したこと」が「遺留分侵害額の請求に基づき支払うべき金銭の額が確定したこと」に改正されました(相法32①三)。

　前記１の民法改正に伴い、遺留分に関する規定が物権的効力から金銭請求権へと変化しましたが、権利行使によって生ずる担税力(取得する財産の価額)の増減は、改正前と同様であると考えられることから、課税関係についても改正前と同様として、民法において「遺留分による減殺の請求」という用語が「遺留分侵害額の請求」と改正されたことに伴う規定の整備のみ行うこととされました。

　また、遺留分による減殺請求を行い財産を取得することが確定した場合には、その取得した相続人は、期限後申告又は修正申告ができることとされ(相法30①、31①)、期限後申告又は修正申告がない場合(他方の相続人から更正の請求が所轄税務署長に提出され、それに対して減額更正した場合に限ります。)には税務署長が決定又は更正をすることができることとされていますが、この取扱いも従前と同様です(相法35③)。

(参考・相続税法)

第32条《更正の請求の特例》
　相続税又は贈与税について申告書を提出した者又は決定を受けた者は、次の各号のいずれかに該当する事由により当該申告又は決定に係る課税

価格及び相続税額又は贈与税額(当該申告書を提出した後又は当該決定を受けた後修正申告書の提出又は更正があった場合には、当該修正申告又は更正に係る課税価格及び相続税額又は贈与税額)が過大となったときは、当該各号に規定する事由が生じたことを知った日の翌日から4月以内に限り、納税地の所轄税務署長に対し、その課税価格及び相続税額又は贈与税額につき更正の請求(国税通則法第23条第1項《更正の請求》の規定による更正の請求をいう。第33条の2において同じ。)をすることができる。

一　第55条の規定により分割されていない財産について民法(第904条の2《寄与分》を除く。)の規定による相続分又は包括遺贈の割合に従って課税価格が計算されていた場合において、その後当該財産の分割が行われ、共同相続人又は包括受遺者が当該分割により取得した財産に係る課税価格が当該相続分又は包括遺贈の割合に従って計算された課税価格と異なることとなったこと。

二　民法第787条《認知の訴え》又は第892条から第894条まで《推定相続人の廃除等》の規定による認知、相続人の廃除又はその取消しに関する裁判の確定、同法第884条《相続回復請求権》に規定する相続の回復、同法第919条第2項《相続の承認及び放棄の撤回及び取消し》の規定による相続の放棄の取消しその他の事由により相続人に異動を生じたこと。

三　遺留分侵害額の請求に基づき支払うべき金銭の額が確定したこと。

四　遺贈に係る遺言書が発見され、又は遺贈の放棄があったこと。

五　第42条第30項(第45条第2項において準用する場合を含む。)の規定により条件を付して物納の許可がされた場合(第48条第2項の規定により当該許可が取り消され、又は取り消されることとなる場合に限る。)において、当該条件に係る物納に充てた財産の性質その他の事情に関し政令で定めるものが生じたこと。

六　前各号に規定する事由に準ずるものとして政令で定める事由が生じたこと。

七　第4条第1項又は第2項に規定する事由が生じたこと。

八　第19条の2第2項ただし書の規定に該当したことにより、同項の分割が行われた時以後において同条第1項の規定を適用して計算した相続税額がその時前において同項の規定を適用して計算した相続税額と異なることとなったこと(第1号に該当する場合を除く。)。

九　次に掲げる事由が生じたこと。

　イ　所得税法第137条の2第13項《国外転出をする場合の譲渡所得等の特例の適用がある場合の納税猶予》の規定により同条第1項の規定の適用を受ける同項に規定する国外転出をした者に係る同項に規定する納税猶予分の所得税額に係る納付の義務を承継したその者の相続人が当該納税猶予分の所得税額に相当する所得税を納付することとなったこと。

　ロ　所得税法第137条の3第15項《贈与等により非居住者に資産が移転した場合の譲渡所得等の特例の適用がある場合の納税猶予》の規定により同条第7項に規定する適用贈与者等に係る同条第4項に規定する納税猶予分の所得税額に係る納付の義務を承継した当該適用贈与者等の相続人が当該納税猶予分の所得税額に相当する所得税を納付することとなったこと。

　ハ　イ及びロに類する事由として政令で定める事由

十　贈与税の課税価格計算の基礎に算入した財産のうちに第21条の2第4項の規定に該当するものがあったこと。

2　贈与税について申告書を提出した者に対する国税通則法第23条の規定の適用については、同条第1項中「5年」とあるのは、「6年」とする。

3　適用関係

　遺留分制度の見直しは、令和元年7月1日以後に開始する相続に係る相続税又は贈与税について適用し、同日前に開始した相続に係る返還すべき、又は弁償すべき額に係る相続税又は贈与税については、従前どおりとされています(改正法附則23④)。

Ⅱ 民法改正に伴う相続税実務への影響

> **Q38 遺留分侵害額の請求に基づき支払うべき金額が確定したとき**
>
> (甲)は、相続人(妻、長男及び長女)以外の内縁関係の者(乙)に全ての財産(1億円)を遺贈する旨の遺言を残して亡くなりました。
>
> この遺言に対して相続人3名は遺留分を侵害されたとして、乙に対して遺留分侵害額の請求を行い最終的に家庭裁判所の審判により各人1,000万円の支払を受けることが決まりました。
>
> この場合の相続人3名及び内縁関係にある(乙)の相続税の申告手続について教えてください。

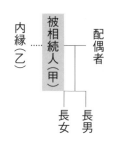

▶ Answer

遺留分侵害額の請求により、遺留分権利者に対して支払うべき価額が確定した場合の各人の申告手続等は次のとおりです。

1 内縁関係にある乙の申告手続等

内縁関係にある(乙)は、遺言により被相続人(甲)の全ての相続財産(1億円)を遺贈されましたので、被相続人の相続開始又は遺言があることを知った日の翌日から10ヶ月以内に相続税の申告をする必要があります。

その後、(乙)は被相続人の相続人(3名)から遺留分侵害額の請求を受けたとして、遺留分侵害額相当の金銭の支払請求を受け、最終的に家庭裁判所の審判により相続人各自に1,000万円を支払うことが確定したということなので相続により取得した財産が減少することになりますので、相続税法第32条第1項第三号の規定に基づき支払うべき金銭の額が確定した日(審判のあった日)の翌日から4ヶ月

以内に更正の請求をすることができます。

なお、相続税法第32条《更正の請求の特則》の更正の請求はあくまで、できる規定ですので(乙)は更正の請求をしないまま、終わらせることもできます。

2　各相続人の申告手続等

一方で各相続人は、遺留分侵害額の請求によって(乙)から各々1,000万円の価額弁償を受けることになりましたが、この金銭は、被相続人(甲)の相続により取得した財産となりますので、各相続人は、支払うべき金銭の額が確定した日(審判のあった日)の翌日から10ヶ月以内に期限後申告をすることができます。

この場合、各相続人が期限後無申告となったことについては、正当な理由があると認められるので無申告加算税は賦課されません。

ちなみに、各相続人が期限後申告書を提出しなかった場合には、(乙)から遺留分侵害額を支払ったことによる更正の請求が所轄税務署長に提出され、それを税務署長が認めて減額更正を行った場合に限り税務署長は、各相続人に対して決定処分を行うことになります。

なお、この場合の決定処分の期限は、更正の請求があった日から1年を経過した日と法定申告期限から5年を経過する日のいずれか遅い日までとされています(相法35③)。

また、仮に、(乙)が上記更正の請求を提出しなかった場合には、相続税の税額が変わらないため税務署長は各相続人に対して決定処分を行いません。

このようなケースは、相続税の総額は変動しないため各人は更正の請求及び修正申告は特にせず、当事者間の協議の中にこれら税額の調整も含めて終わらせようという考えが根底にあります。

3 特別寄与料の創設

1 特別寄与料の概要

　改正前から民法の規定には、被相続人の療養看護等に努め、その財産の維持又は増加に寄与した人に対する制度として寄与分の規定がありました。ただし、この対象となるのは相続人のみであり、相続人以外の者が被相続人の療養看護に努め、被相続人の財産の維持に貢献した場合であっても、相続人でないことから遺産分割協議において被相続人の遺産の分配を請求することはできず、何ら遺産を取得することはできませんでした。

　このような取扱いに対しては、療養看護を一切行わなかった相続人が遺産を取得できるのに対し、療養看護をした相続人以外の者が何ら被相続人の遺産を取得できないのは不公平であるとする意見がありました。そこで、相続人以外の者の貢献を考慮するための方策として特別寄与料の制度が創設されました。

　具体的には、被相続人に対し、無償で療養看護その他の労務を提供したことにより被相続人の財産の維持又は増加について特別の寄与をした親族(相続人など一定の者を除きます。以下「特別寄与者」といいます。)は、被相続人の相続開始後、相続人に対し、特別寄与者の寄与に応じた額の金銭(以下「特別寄与料」といいます。)の支払いを請求することができることとされました(民法1050)。

3 特別寄与料の創設

改正前

相続人以外の者は、被相続人の介護に尽くしても、相続財産を取得することができない。

亡き長男の妻が被相続人の介護をしていた場合

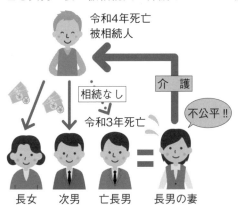

被相続人の相続において、相続人（長女・次男）は、被相続人の介護を全く行っていなかったとしても、遺産を取得することができる。

他方、亡長男の妻は、どんなに被相続人の介護に尽くしても、相続人ではないため、被相続人の相続に際し、遺産の分配を請求できない。

改正後（令和元年7月1日施行）

相続開始後、長男の妻は、相続人（長女・次男）に対して、金銭の請求をすることができる。
➡ 介護等の貢献に報いることができ、実質的公平が図られる。

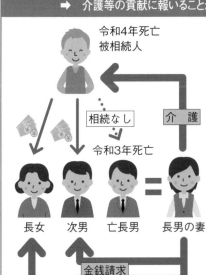

※特別寄与の手続は、遺産分割の手続が過度に複雑にならないよう、現行法と同様に相続人（長女・次男）だけで行うこととしつつ、特別寄与者が相続人に対する金銭支払請求を認めることとしたもの。

（出典：法務省パンフレット「相続に関するルールが大きく変わります」を基に一部加筆）

Ⅱ　民法改正に伴う相続税実務への影響

(参考・民法)

> 第1050条《特別の寄与》
> 　被相続人に対して無償で療養看護その他の労務の提供をしたことにより被相続人の財産の維持又は増加について特別の寄与をした被相続人の親族(相続人、相続の放棄をした者及び第891条の規定に該当し又は廃除によってその相続権を失った者を除く。以下この条において「特別寄与者」という。)は、相続の開始後、相続人に対し、特別寄与者の寄与に応じた額の金銭(以下この条において「特別寄与料」という。)の支払を請求することができる。
> 2　前項の規定による特別寄与料の支払について、当事者間に協議が調わないとき、又は協議をすることができないときは、特別寄与者は、家庭裁判所に対して協議に代わる処分を請求することができる。ただし、特別寄与者が相続の開始及び相続人を知った時から6箇月を経過したとき、又は相続開始の時から1年を経過したときは、この限りでない。
> 3　前項本文の場合には、家庭裁判所は、寄与の時期、方法及び程度、相続財産の額その他一切の事情を考慮して、特別寄与料の額を定める。
> 4　特別寄与料の額は、被相続人が相続開始の時において有した財産の価額から遺贈の価額を控除した残額を超えることができない。
> 5　相続人が数人ある場合には、各相続人は、特別寄与料の額に第900条から第902条までの規定により算定した当該相続人の相続分を乗じた額を負担する。

2　相続税の課税関係

(1) 特別寄与者(特別寄与料を受領した者)に対する課税

　イ　課税の根拠

　　前記1のとおり、被相続人の療養・看護等に努め、被相続人の財産の維持又は増加について特別の寄与をした者(相続人以外の親族をいいます。以下「特別寄与者」といいます。)は、相続人に対して寄与に応じた額の金銭(以下「特別寄与料」といいます。)の支払を請求することができます。

　　特別寄与者の請求は、相続人に対して請求するとされていますが、この請求が認められた場合、特別寄与者は、相続人から特別寄与料を取得することになるため、相続人からの贈与とみなされ、贈与税が課されるのではと考える方もいるかも知れません。この点について課税庁では、特別寄与料は、被相続人から相続又は遺贈により取得した財産ではないものの、次の理由により、被相続人の死亡と密接な関係を有していること及び、経済的にも被相続人の遺産を取得したのと同様な性質を有していること等より一連の相続の中で課税関係を処理するのが適当であるとしています。

① 　特別寄与料の額は、相続人と療養看護等をした親族との間の協議又は家庭裁判所の審判により定まること。

② 　特別寄与者は、被相続人の相続開始から1年以内に請求しなければならないこと。

③ 　特別寄与料の額は、被相続人の遺産額を限度とすること。

　　また、上記理由に加えて、被相続人が相続人以外の者に対して財産を遺贈した場合との課税とのバランスを図る必要もあり、結果として、特別寄与料に対しては、(所得税や贈与税ではなく)相続税を課税することとされました。

Ⅱ　民法改正に伴う相続税実務への影響

　上記のとおり、特別寄与料は、被相続人から直接的に取得するものではないため、課税庁が相続税として課税するためには、根拠法が必要となりますが、相続税法第4条第2項では、相続人からの特別寄与料の取得を被相続人から特別寄与者に対する遺贈とみなすこととされました（相法4②）。

（参考・相続税法）

> **第4条《遺贈により取得したものとみなす場合》**
> 　民法第958条の3第1項《特別縁故者に対する相続財産の分与》の規定により同項に規定する相続財産の全部又は一部を与えられた場合においては、その与えられた者が、その与えられた時における当該財産の時価（当該財産の評価について第3章に特別の定めがある場合には、その規定により評価した価額）に相当する金額を当該財産に係る被相続人から遺贈により取得したものとみなす。
> 2　特別寄与者が支払を受けるべき特別寄与料の額が確定した場合においては、当該特別寄与者が、当該特別寄与料の額に相当する金額を当該特別寄与者による特別の寄与を受けた被相続人から遺贈により取得したものとみなす。

ロ　計算方法

　特別寄与者の相続税の計算方法は、相続人以外の者が遺贈により財産を取得した場合と同様です。すなわち、法定相続人ではないことから、基礎控除のうち法定相続人数比例部分（600万円）の適用はなく、相続税の総額を計算する際の法定相続分もありません。

　そして、特別寄与者の相続税額は、相続税の総額に特別寄与料に対する被相続人の課税価額の合計額の割合を乗じて求めます。

　また、特別寄与者は相続人ではないため、相続税額が2割加算されます。これは、特別寄与者が相続人でないという点で受遺者（相続人を除きます。）と変わりなく、遺贈とのバランスからも2割加算

の対象となるものです。

(2) 特別寄与料を支払った相続人に対する課税

特別寄与料を支払った相続人の課税関係について確認すると、その支払いは被相続人の死亡に基因するものであり、相続等により取得した遺産の中から支払うにせよ固有財産から支払うにせよ、その支払った金額分は担税力が減殺されることから、支払った相続人の課税財産から減額することが適当です。また、そうすることにより、相続人及び特別寄与者の課税対象となる財産の合計が遺産総額に一致します。

具体的には、特別寄与者が支払いを受ける特別寄与料の額が、その特別寄与者の相続税の課税価格に算入される場合には、その特別寄与料を支払うべき相続人の課税価格は、相続又は遺贈により取得した財産から特別寄与料の額のうちその相続人が負担すべき金額を控除した金額とされます(相法13④)。

なお、上記の相続人が負担すべき金額は、相続人が数人いる場合には、民法第900条から第902条までの規定により算定した各相続人の相続分を乗じた額を負担することとされています(民法1050⑤)。

(参考・民法)

> **第900条《法定相続分》**
>
> 同順位の相続人が数人あるときは、その相続分は、次の各号の定めるところによる。
>
> 一　子及び配偶者が相続人であるときは、子の相続分及び配偶者の相続分は、各2分の1とする。
> 二　配偶者及び直系尊属が相続人であるときは、配偶者の相続分は、3分の2とし、直系尊属の相続分は、3分の1とする。
> 三　配偶者及び兄弟姉妹が相続人であるときは、配偶者の相続分は、4分の3とし、兄弟姉妹の相続分は、4分の1とする。

Ⅱ 民法改正に伴う相続税実務への影響

> 四 子、直系尊属又は兄弟姉妹が数人あるときは、各自の相続分は、相等しいものとする。ただし、父母の一方のみを同じくする兄弟姉妹の相続分は、父母の双方を同じくする兄弟姉妹の相続分の2分の1とする。
>
> **第901条《代襲相続人の相続分》**
> 　第887条第2項又は第3項の規定により相続人となる直系卑属の相続分は、その直系尊属が受けるべきであったものと同じとする。ただし、直系卑属が数人あるときは、その各自の直系尊属が受けるべきであった部分について、前条の規定に従ってその相続分を定める。
> 2　前項の規定は、第889条第2項の規定により兄弟姉妹の子が相続人となる場合について準用する。
>
> **第902条《遺言による相続分の指定》**
> 　被相続人は、前2条の規定にかかわらず、遺言で、共同相続人の相続分を定め、又はこれを定めることを第三者に委託することができる。
> 2　被相続人が、共同相続人中の一人若しくは数人の相続分のみを定め、又はこれを第三者に定めさせたときは、他の共同相続人の相続分は、前2条の規定により定める。

(3) 申告期限までに特別寄与料の支払が確定しなかった場合

　特別寄与料の支払について、相続人と協議が調わないとき、又は協議することができないときは、特別寄与者は家庭裁判所に対して特別寄与料の支払を請求をすることができます。ただし、請求期限は、特別寄与者が相続開始及び相続人を知った時から6ヶ月を経過したとき、又は相続開始の時から1年を経過したときまでとされており(民法1050②)、その後、特別寄与料の額が具体的に確定することになります。

　一方、相続税の申告期限は、相続開始があったことを知った日の翌日から起算して10ヶ月以内とされているため、具体的に特別寄与料が決まるのは、申告期限後となる可能性があります。

　そのため、特別寄与料を取得することが決まり、相続税法第4条第

2項の規定により新たに相続税の納税義務が生じる者の申告期限は、特別寄与料の支払額が確定したことを知った日の翌日から10ヶ月以内とする規定が追加されました(相法29①)。

また、申告期限までに特別寄与料以外の財産を遺贈により取得し、申告を済ませている場合も同様に、特別寄与料を取得することが確定したことを知った日の翌日から10ヶ月以内に修正申告をしなければならない規定が追加されました(相法31②)。

他方、特別寄与料を支払うこととなった相続人については、申告期限までに取得した財産について既に申告を済ませている場合には、特別寄与料の支払額が確定したことを知った日の翌日から4ヶ月以内に更正の請求ができる規定が追加されました(相法32①七)。

3 適用関係

特別寄与料の創設に伴う改正は、令和元年7月1日以後に開始する相続に係る相続税について適用されます(改正法附則1三ロ、民法及び家事事件手続法の一部を改正する法律附則2)。

Ⅱ 民法改正に伴う相続税実務への影響

> **Q39 寄与分と特別寄与の相違点**
>
> 改正前の民法の規定にも被相続人の療養看護等に努め、その財産の維持又は増加に寄与した相続人に対する制度として「寄与分の制度」があると思いますが、新たに相続人以外の親族に対して同様な「特別寄与」の制度が創設されたと聞きました。
> 寄与分と特別寄与の制度の違いを教えてください。

寄与分と特別寄与の相違点は以下のとおりです。

〔寄与分と特別寄与の制度の違い〕

	寄与分	特別寄与
取扱条文	民法第904条の2	民法第1050条
対象者	相続人	相続人でない親族（6親等内の血族、3親等内の姻族）
請求できない者	相続人以外の者	親族以外の者のほか相続人、相続放棄した者、相続欠格事由に該当する者及び廃除によって相続権を失った者
算定方法	相続開始時の財産の価額から寄与分の額を控除したものを相続財産とみなし、法定相続分又は遺言による指定相続分に寄与分を加えた額をもってその者の相続財産とする。 （相続財産－寄与分の額）×法定相続分＋寄与分	特別寄与料は、相続人対して請求するため、被相続人からの相続等により直接取得するのではないため、みなし相続財産として課税される

3 特別寄与料の創設

要件	被相続人の事業に関する労務の提供又は財産上の給付、被相続人の療養看護その他の方法により被相続人の財産の維持又は増加について特別の寄与した者	被相続人に対して無償で療養看護その他の労務の提供をしたことにより被相続人の財産の維持又は増加について特別の寄与した者
請求の対象	被相続人の財産	金銭の支払
家庭裁判所への請求期限	定めなし	特別寄与者が相続開始及び相続人を知ったときから6ヶ月を経過する時又は相続開始時から1年を経過する時まで
負担者	定めなし	相続人が数人ある場合には、各相続人は法定相続分又は遺言による相続分の指示に応じた額を負担する
限度額	被相続人が相続開始時において有していた財産の額から遺贈の額を控除した残額を超えることはできない	
確定した場合の相続税の申告	未分割であった財産の分割が確定し、期限後申告又は修正申告をする必要が生じた場合は、期限後又は修正申告書を提出することができる	特別寄与料の額が確定した場合には、10ヶ月以内に期限後申告又は修正申告をしなければならない

123

（参考・民法）

第904条の2《寄与分》

　共同相続人中に、被相続人の事業に関する労務の提供又は財産上の給付、被相続人の療養看護その他の方法により被相続人の財産の維持又は増加について特別の寄与をした者があるときは、被相続人が相続開始の時において有した財産の価額から共同相続人の協議で定めたその者の寄与分を控除したものを相続財産とみなし、第900条から第902条までの規定により算定した相続分に寄与分を加えた額をもってその者の相続分とする。

2　前項の協議が調わないとき、又は協議をすることができないときは、家庭裁判所は、同項に規定する寄与をした者の請求により、寄与の時期、方法及び程度、相続財産の額その他一切の事情を考慮して、寄与分を定める。

3　寄与分は、被相続人が相続開始の時において有した財産の価額から遺贈の価額を控除した残額を超えることができない。

4　第2項の請求は、第907条第2項の規定による請求があった場合又は第910条に規定する場合にすることができる。

3 特別寄与料の創設

Q40　特別寄与料の計算

母の死亡後、母の遺産(1億5,000万円)について、相続人3人(長男は既に亡くなっており、子供はいません)で分割協議を行い、各相続人が5,000万円を相続することで合意しました。

その後、亡長男の妻(甲)から、特別寄与料の請求がなされ協議の結果、特別寄与者である(甲)に3,000万円を支払うことが決まりました。

このような場合の相続人及び特別寄与者の申告手続について教えてください。

▶Answer

特別寄与者(甲)から相続人に対して特別寄与分の請求があり、それが認められた場合の各人の申告手続は次のとおりです。

1　亡長男の妻(甲)の申告手続等

特別寄与者である亡長男の妻(甲)は、相続人から合計で3,000万円が支払われることになりましたが、義理母の相続により取得したものとみなされ相続税が課されます。

この場合には、特別寄与料の支払額が確定したときから10ヶ月以内に相続税の申告書を被相続人の住所地を所轄する税務署に提出しなければなりません。

また、この場合の計算方法は、特別寄与者は相続人でないため、基礎控除の額は変わらず、相続税の総額を計算するための法定相続分も変わりません。

そして、具体的に算定された算出税額に2割加算して最終的な相続税を算定します。

2 相続人の申告手続等

　特別寄与料を支払った相続人は、遺産の中から支払うにせよ固有財産から支払うにせよ、その支払った金額分は担税力が減殺されることから、各人の課税財産から特別寄与料相当額を減額することが適当です。

　したがって、特別寄与料を支払うべき各相続人の課税価格は、相続により取得した財産の価額(5,000万円)から、その相続人が負担すべき特別寄与料の額(1,000万円)を控除した金額となります。

　なお、相続人が数人いる場合の負担すべき特別寄与料の額は、特別寄与料の額に相続分又は遺言による割合を乗じた金額とされていますので、ご質問のケースでは、各相続人は1,000万円(3,000万円×1/3)となります。

　そして、相続人は特別寄与料の額が確定した日の翌日から4ヶ月以内に所轄税務署長に相続税法第32条第1項第7号による更正の請求を行い、多く納めた相続税を還付してもらうことができます。

3 特別寄与料の創設

> **Q41　寄与分の計算**
> 　母の死後、母の遺産(1.2億円)について相続人3人で分割協議を行いましたが成立せず、未分割のまま相続税の申告を提出しました(理由は、長女が寄与分の主張をしているためです)。
> 　その後、長女の寄与分が1,500万円と決まり、残りの財産を均等で相続することで分割協議が成立しました。
> 　このような場合の申告手続について教えてください。

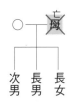

▶Answer

　ご質問のケースは、相続税の申告書の提出期限までに分割協議が成立しなかったことから未分割のまま相続税の申告書を提出した後、分割協議が成立したということなので、まず分割協議の内容を確認する必要があります。

　すなわち、長女に1,500万円の寄与分を決め、残りを相続人で均等に分けるということですから各相続人の当初申告及び分割協議成立後の各相続人の取得財産の価額は次のようになります。

	当初申告	分割協議成立後
長女	4,000万円	5,000万円
長男	4,000万円	3,500万円
次男	4,000万円	3,500万円

　上記の結果、長女は当初申告より多くの遺産を納付することになる一方で、長男及び次男は、当初申告より取得する財産が減少します。この場合の各人の相続税の申告手続は次のとおりです。

1　長女の申告手続等

　長女は分割協議の成立によって相続等により取得した財産の価額

が当初申告の4,000円から5,000万円に増加したので修正申告を提出する義務があると考える方が多いと思います。この点について確認すると、相続税法第31条第1項では同法第32条第1項1号～第6号までに規定する事由が生じたために相続税額に不足が生じた場合には修正申告書を提出することができると規定しており、提出しなければならないと規定しているわけではありません（相法31①）。

また、相続税法第35条第3項では、税務署長は同法第32条第1項第1号～第6号までの規定による更正の請求に基づき更正をした場合において当該請求をした者の被相続人から相続等により財産を取得した他の者について相続税額の更正をすると規定しています。

すなわち、寄与分が認められ当初申告より1,000万円多く財産を取得した長女は、潔しとして修正申告を提出することは可能ですが、それは義務ではありません。

一方で、長男及び次男が当初申告より取得する財産が少なくなったとして相続税法第32条第1項第1号の規定に基づいて、更正の請求を行い、税務署長がそれについて減額更正を認めた場合には、仮に長女が修正申告を提出していなかったときに限り、長女に対して税務署長から、更正処分がされます。

したがって、実務的には、長女は、長男及び次男の動向を見て、修正申告を提出するのか否かを判断するのが相当と考えます。

2　長男及び次男の申告関係等

長男及び次男は、各人が未分割であるとして申告した財産の額（4,000万円）より、遺産分割協議の成立によって実際に取得する財産の額（3,500万円）が減少しましたので更正の請求をすることができます。ただし、この更正の請求は、相続税法第32条《更正の請求の特別》に基づくもので事由が生じたことを知った日の翌日から4ヶ月以内に限り所轄税務署長に対し、更正の請求をすることができ

ると規定しているため、更正の請求を行わなくても構いません。

　したがって、長男及び次男は、当初の相続税の申告書の金額により実際に取得した財産の価額が過少となっていますが、多く納めた相続税に関して更正の請求をしないでそのままにしておくこともできます。

　なお、長男及び次男が更正の請求をしないでそのままにした場合には、仮に寄与分により取得する財産が増えた長女が修正申告書を提出しない場合でも税務署長から更正処分がされることはありません。

Q42 特別寄与者が制限納税義務者だった場合

特別寄与料の支払が確定すると特別寄与者は、相続人から特別寄与料を受領することによりますが、それに対しては相続税が課されます。

一方で、特別寄与料を支払った相続人は、相続等により取得した財産の価額から特別寄与料を控除した残額が課税価格となります。

ところで、特別寄与者が制限納税義務者であった場合の取扱いはどうなりますか。

▶ Answer

まず、特別寄与者が支払を受ける特別寄与料の所在地が問題となりますが、それらについて規定した相続税法第10条第1項各号に掲げる財産及び同条第2項に規定するいずれの財産にも該当しないことから、最終的には、同条第3項の規定により被相続人又は贈与した者の住所の所在とされています。

例えば、特別寄与者が制限納税義務者に該当していて支払を受けるべき特別寄与料も相続税法第10条第3項の規定により日本国外にあると判断されたときは、特別寄与料の額は、特別寄与者の相続税の課税価格に算入されないことになります。

一方で、相続人等の相続税の課税価額は、相続人等が相続により取得した財産の価額から当該特別寄与料の額を控除して算定するのが原則ですが、特別寄与者が制限納税義務者に該当し、受領した特別寄与料の額の課税を受けないときは、相続人等が支払う特別寄与料は、取得した財産の中から控除しないで課税価額を計算します。

4 遺産分割等に関する見直し

1 持戻し免除制度

　共同相続人の中に被相続人から特別受益(注)を受けた者がいた場合には、相続時における被相続人の遺産にこの特別受益の金額を加えたものを相続財産とみなし、これを基礎にして各相続人の取り分を計算しますが、これを「持戻し」といいます。

　しかし、被相続人がこの「持戻し」をしなくてもよいという意思表示をしていた場合には、「持戻し」をしないで被相続人の財産と確定させることも認められますが、これを持戻し免除の意思表示といいます。

　具体的には、持戻し免除の意思表示があるか否かにより各相続人が取得する財産が次のように変わります。

> **(注)特別受益**
> 　「特別受益」とは、遺産分割に当たって、被相続人の財産に含められる(持戻しの対象となる)利益のことで、原則として、遺贈、生前贈与(結婚又は養子縁組のため若しくは生計の資本のため)が対象とされています。
> 　なお、生前贈与については、内容が多種多様であることから、それが特別受益に該当するか、判定は容易ではありません。

〔具体例〕
相続人……子供2人(甲及び乙)
相続財産は5,000万円
甲は、生前贈与(特別受益に該当)により2,000万円を得ていた

〔持戻し免除の意思表示がない場合〕
相続人が実質的に被相続人から承継する財産
被相続人の財産　5,000万円＋2,000万円＝7,000万円
甲の取り分　　　生前贈与2,000万円＋相続財産1,500万円＝3,500万円
乙の取り分　　　相続財産3,500万円

〔持戻し免除の意思表示がある場合〕
相続人が実質的に被相続人から承継する財産
被相続人の財産　5,000万円
甲の取り分　　　相続財産2,500万円＋生前贈与2,000万円＝4,500万円
乙の取り分　　　相続財産2,500万円

2　持戻し免除の意思表示の推定規定の創設

　婚姻期間が20年以上の夫婦間で、一方が他方に居住用不動産（土地等及び建物）を遺贈又は贈与したときは、民法第903条第3項の持戻し免除の意思表示があったものと推定し、被相続人の意思を尊重した遺産分割ができるようになり、原則として、居住用不動産の持戻しの計算が不要となりました。

　改正前の民法第903条第3項でも被相続人が持戻しをしなくてもいいという意思表示をしたときは、それに従うという規定はありましたが、新たに第4項を設けて婚姻期間20年以上の贈与が行われたときは、持戻し免除の意思表示があったものと推定することとされました。

　なお、持戻し免除の意思表示推定の規定は、令和元年7月1日より施行となります。

4 遺産分割等に関する見直し

改正前

　生前贈与を行ったとしても、原則として、遺産の前渡しとして把握するため、遺産分割等の前提となる財産は生前贈与財産を加えて算定する。
➡　被相続人が生前贈与等を行った趣旨が遺産分割の結果に反映されない。

相続人　配偶者と子2名（長男と長女）
遺　産　居住用不動産（持分1/2）2,000万円（評価額）
　　　　その他の財産　6,000万円
配偶者に対する生前贈与　居住用不動産（持分1/2）2,000万円

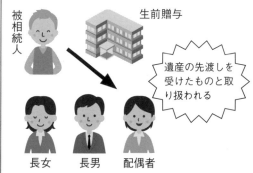

　配偶者の取り分を計算する時には、生前贈与分についても、相続財産とみなされるため、
(8,000万円＋2,000万円)×1/2－2,000万円＝3,000万円　となり、贈与と相続合わせた取得額は、3,000万円＋2,000万円＝5,000万円となる。
　結局、贈与があった場合とそうでなかった場合とで、最終的な取得額に差異がないこととなる。

改正後（令和元年7月1日施行）

　被相続人の意思の推定規定を設けることにより、原則として、遺産の前渡しとして取り扱う必要がなくなり、配偶者は、より多くの財産を取得することができる。
➡　贈与等の趣旨に沿った遺産の分割が可能となる。

　同じ事例において、生前贈与分について相続財産とみなす必要がなくなる結果、配偶者の遺産分割における取得額は、
8,000万円×1/2＝4,000万円
となり、
　最終的な取得額は、
4,000万円＋2,000万円＝6,000万円
となり、持戻しにより行う遺産分割より多くの財産を取得できることとなる。

（出典：法務省パンフレット「相続に関するルールが大きく変わります」を基に一部加筆）

Ⅱ　民法改正に伴う相続税実務への影響

(参考・民法)

第903条《特別受益者の相続分》

　共同相続人中に、被相続人から、遺贈を受け、又は婚姻若しくは養子縁組のため若しくは生計の資本として贈与を受けた者があるときは、被相続人が相続開始の時において有した財産の価額にその贈与の価額を加えたものを相続財産とみなし、第900条から第902条までの規定により算定した相続分の中からその遺贈又は贈与の価額を控除した残額をもってその者の相続分とする。

2　遺贈又は贈与の価額が、相続分の価額に等しく、又はこれを超えるときは、受遺者又は受贈者は、その相続分を受けることができない。

3　被相続人が前2項の規定と異なった意思を表示したときは、その意思に従う。

4　婚姻期間が20年以上の夫婦の一方である被相続人が、他の一方に対し、その居住の用に供する建物又はその敷地について遺贈又は贈与をしたときは、当該被相続人は、その遺贈又は贈与について第1項の規定を適用しない旨の意思を表示したものと推定する。

第904条

　前条に規定する贈与の価額は、受贈者の行為によって、その目的である財産が滅失し、又はその価格の増減があったときであっても、相続開始の時においてなお原状のままであるものとみなしてこれを定める。

3 贈与税の課税関係

(1) 贈与税の配偶者控除

　相続税法第21条の6には「贈与税の配偶者控除」の規定がありますが、この規定は、婚姻期間が20年以上の夫婦のどちらか一方が他方に対して居住用不動産又は居住用不動産を取得するための金銭の贈与を行った場合において、基礎控除(110万円)に加えて最高2,000万円の控除(配偶者控除)ができるという特例です。

　贈与税の配偶者控除の規定は、夫婦の財産は夫婦の協力によって形成されたものであること及び当該贈与は配偶者の生活保障を目的としていることなどから税制面においても配偶者の生活を保護しようという面から設けられたものであります。

　今回の民法改正においても、配偶者に対して行われた居住用不動産の贈与については、持戻し免除の意思表示があったものと推定することとする法令が設けられ、配偶者が老後の生活をより安心して過ごせるよう配慮されています。

　なお、相続税法第21条の6で定める贈与には、「居住用不動産を取得する金銭」が含まれているのに対し、改正された民法第903条4項で定める遺贈又は贈与の目的物は「その居住の用に供する建物又はその敷地」と規定しており、対象に若干の違いがあります。

　ただし、被相続人が住宅取得資金を配偶者に贈与したとしても、贈与者が個別に持戻しの反対の意思表示を明確にしていれば、同様な効果が得られると考えられます。

(2) 相続税法と民法との持戻し計算の相違

　「特別受益」とは、被相続人からの遺贈及び、婚姻若しくは養子縁組のため、又は生計の資本のため、被相続人の生前中に受けた利益のことをいいますが、民法での持戻し計算は、これらの「特別受益」を

相続開始時における財産の価額に加算して、被相続人の財産として相続分を計算すると規定しています。

なお、特別受益の加算額については、受贈者の行為によってその目的物が滅失し又は価格の増減があったとしても、相続開始時において、なおも原状のままあるものとみなして査定するとされています(民法904)。

〔特別受益の対象となるもの〕

対象		内容
1 遺贈		遺言で相続させると書いてある場合には、一般的には、相続分の指定と解され特別受益に該当しないとされていますが、実質的に遺贈と認められる場合には特別受益となります。
2 生前贈与	(1) 婚姻	挙式費用は特別受益に当たらず、結婚後の生活資金の援助は特別受益に該当するといわれています。
	(2) 養子縁組	養子縁組に当たり、実親が持参金として現金等を贈与することがありますが、この贈与は特別受益に該当します。
	(3) 生計の資本	生計の資本の贈与ですから、お小遣いや扶養の範囲内の生活費の援助も特別受益に該当しません。学費についても、一般的な大学の費用は該当しませんが、医学部や留学などの費用は特別受益に該当する可能性があります。また、開業資金や自宅取得のための資金贈与は特別受益に該当します。さらに、被相続人が所有する不動産を無償で使用させてもらっていた場合も特別受益に該当します。

一方で、相続税法ではそのような考え方(特別受益の有無により、相続税額の計算は影響を受けません。)をとっていません。
　すなわち、被相続人が生前中に「特別受益」に該当するような贈与を行っていても相続税額の計算においてはそれら「特別受益」を相続財産に加算する必要はなく、次の場合に該当する相続開始3年以内に行われた贈与等だけが加算の対象となります。
① 相続開始前3年以内に贈与があった場合(相法19)
　相続又は遺贈によって財産を取得した者が、被相続人からその相続開始前3年以内に財産の贈与を受けているときには、その者の相続等により収得した財産の課税価格に贈与を受けた財産の贈与時の価額を加算します。
② 相続時精算課税制度の適用を受けて贈与により財産を取得している場合(相法21の9)
　被相続人の生前中に相続時精算課税制度の適用を受けて贈与により財産を取得している者は、特別控除額(2,500万円)の範囲内であるか否かを問わず、相続時精算課税制度の適用を受けた全ての財産が加算の対象となります。
　この場合に加算される金額は、相続時精算課税の贈与税の申告時における課税評価額です。

(3) 贈与加算の対象外

　被相続人から生前に贈与された財産であっても、次の財産については加算する必要はありません。
① 相続税法第21条の6《贈与税の配偶者控除》の適用を受けている又は受けようとする財産のうち、その配偶者控除額に相当する金額
② 直系尊属から贈与を受けた住宅取得等資金のうち、非課税の適用を受けた金額(措法70の2)
③ 直系尊属から一括贈与を受けた教育資金のうち、非課税の適用を

Ⅱ　民法改正に伴う相続税実務への影響

　受けた金額(措法70の2の2)
　④　直系尊属から一括贈与を受けた結婚・子育て資金のうち、非課税の適用を受けた金額(措法70の2の3)

Q43　持戻し免除の意思表示があった場合の遺産分割と相続税の申告

　父の死亡後、父の遺産を確認したところ、相続開始時の財産は1億2,000万円（現金預金8,000万円、駐車場土地4,000万円）であることがわかりました。

　加えて母（被相続人の配偶者）は、亡父の生前中に婚姻期間が20年を経過した時に居住用不動産（評価額1,800万円）の贈与を受けていることが判明しました。

　今回の亡父の相続税の申告に際しては、各相続人は法定相続分により遺産分割協議を成立させる予定ですが、その場合の分割協議、相続税の計算の仕方について教えてください。

　また、亡父の生前に行われた居住用不動産の贈与が、婚姻期間20年を経過しない時点で行われていた場合はどうなるでしょうか。

▶ **Answer**

　ご質問によると、亡父は、生前に配偶者に対して婚姻期間20年以上の居住用不動産の贈与を行っているとのことですが、当該贈与については民法改正により持戻し免除の意思表示があったものと推定されるため「特別受益」として相続財産に加算しないで、まずは被相続人の遺産額を確定させることが必要です。

　そして、その場合の遺産分割協議及び相続税の申告は、次のとおりになります。

〔持戻し免除として計算〕

	遺産分割協議			相続税申告		
	配偶者	長男	次男	配偶者	長男	次男
現金預金	4,000万円	2,000万円	2,000万円	左記と同じ		
駐車場用地	2,000万円	1,000万円	1,000万円	左記と同じ		
合計	6,000万円	3,000万円	3,000万円	左記と同じ		

　また、亡父が配偶者に対して行った居住用不動産の贈与が、婚姻期間20年を経過する前に行われた場合には、遺産分割協議及び相続税の申告は次のようになります（ただし、相続開始より3年前）。

　まず、亡父から配偶者に対する居住用不動産の贈与は「生計の資本としての贈与」に該当するため、「特別受益」として扱われ、持戻しの対象となります。その場合、被相続人の遺産額は、相続開始時の1億2,000万円に生前贈与の1,800万円（相続開始も同額と仮定します）を加えた1億3,800万円であるとみなされることになります。

　そして、持戻し計算を行った場合の遺産分割協議と相続税の申告は次のとおりになります。

〔持戻しとして計算〕

	遺産分割協議			相続税申告		
	配偶者	長男	次男	配偶者	長男	次男
現金預金	3,400万円	2,300万円	2,300万円	左記と同じ		
駐車場用地	1,700万円	1,150万円	1,150万円	左記と同じ		
贈与された居住用不動産	1,800万円	-	-	申告不要		
合計	6,900万円	3,450万円	3,450万円	5,100万円	3,450万円	3,450万円

※相続税の申告においては、配偶者に贈与された居住用不動産の加算はしません。

5 民法（成年年齢）関係に伴う改正

1　成年年齢見直しの内容

　民法が定める成年年齢を20歳から18歳に引き下げる民法改正法案が平成30年6月13日に可決・成立しました。

　この改正は、令和4年4月1日から施行されますが、相続税及び贈与税の規定においても20歳を基準としているものがありますので、民法の成年年齢の引下げに合わせて、これらの規定についても18歳を基準とすることと改正されました。

2　成年年齢改正により影響を受ける税法の規定

(1) 相続税法

① 未成年者控除(相法19の3)

相続人が18歳(改正前：20歳)未満の者である場合には、10万円に18歳(改正前：20歳)に達するまでの年数(対象者の年齢の1年未満の端数は切り捨て)を乗じた金額が控除されます。

未成年者控除額 ＝ (18 － その者の年齢) × 10万円

> 例えば、未成年者の年齢が15歳9ヶ月の場合には、9ヶ月を切り捨て15歳で計算します。この場合の18歳までの年数は3年となります。

② 相続時精算課税適用者の要件(相法21の9)

相続時精算課税の適用を受けることができる者(受贈者)は、贈与者の推定相続人で贈与の年の1月1日において18歳(改正前：20歳)以上の者とされました。

(2) 租税特別措置法

次の項目について、受贈者の年齢要件が20歳から18歳に引き下げられました。

① 直系尊属から贈与を受けた場合の贈与税の税率の特例(措法70の2の5)
② 相続時精算課税適用者の特例(措法70の2の6)
③ 非上場株式等についての贈与税の納税猶予及び免除(措法70の7)
④ 非上場株式等についての贈与税の納税猶予及び免除の特例(措法70の7の5)

なお、民法改正法の施行日の前日(令和4年3月31日)までに適用期限が到来する租税特別措置法の規定は、今般の税制改正では見直されておりません。

3 適用関係

(1) 未成年者控除

　未成年者控除の改正は、令和4年4月1日以後に相続又は遺贈(以下「相続等」といいます。)により取得する財産に係る相続税について適用され、同日前に相続等により取得した財産に係る相続税については、従前どおりとされています(改正法附則23①)。

　なお、既にこの控除を受けたことがある場合には、次に生じた相続の際に控除できる金額は、前回の控除不足額の範囲内に限られますが(相法19の3③)、この特例として経過措置(過去に控除額が改正された時の経過措置と同様のもの)が設けられています(改正法附則23②)。

　すなわち、未成年者が、その者又は扶養義務者の令和4年4月1日前に相続等により取得した財産に係る相続税について、旧法による未成年者控除の適用を受けたことがある者である場合には、未成年者控除額は当初の相続時(2回以上未成年者控除の適用を受けている場合には、最初の相続時)における未成年者の18歳に達するまでの年数に10万円を乗じて計算した金額から既に控除を受けた金額を控除した残額の範囲内の金額とすることとされています。

(2) 相続時精算課税適用者の要件

　相続時精算課税の適用者要件改正は、令和4年4月1日以後に贈与により取得する財産に係る贈与税について適用され、同日前に贈与により取得した財産に係る贈与税については従前どおりとされています(改正法附則23③)。

Ⅱ　民法改正に伴う相続税実務への影響

Q44　未成年者控除額の計算

令和2年4月に父が亡くなり、次いで令和10年12月に母が亡くなりました。令和2年4月に3歳3ヶ月だった相続人(甲)は、令和10年12月時点では11歳11ヶ月となっています。

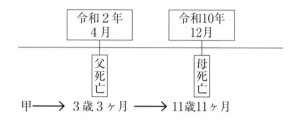

甲は、亡父の相続税の計算において未成年者控除の適用を受けていますが、亡母の相続税の申告において認められる未成年者控除額の上限を教えてください。

なお、亡父の相続税の申告において、実際に計上した未成年者控除額は50万円です。

▶Answer

未成年者控除の適用を既に受けたことがある者は、次に生じた相続の時に適用できる金額の上限は、前回の控除不足額の範囲内に限られています。前回(亡父)の相続税の申告において認められる未成年者控除額の上限は170万円((20歳－3歳)×10万円)であったところ、実際の申告では50万円を計上したということなので、控除不足額が120万円あります。

〔改正前の未成年者控除の算式〕

(20歳－未成年者の年齢)[注]×10万円

> （注）　年齢計算の算定に当たり、1年未満の期間があるときは切り捨て計算します。

144

ただし、亡父の相続の申告の時に適用した未成年者控除の計算は、成年年齢が20歳であることを前提とした計算なので、亡母の相続税の申告に際しては、成年年齢が18歳であることを前提にした未成年者控除額を再計算する必要があります。
　ご質問のケースにおける未成年者控除額の上限は、次のとおりになります。

〔改正後の未成年者控除の計算〕
(18歳－3歳)×10万円＝150万円

　未成年者自身又はその扶養義務者が相続等により取得した財産に係る相続税の申告について、旧法による未成年者控除の適用を既に受けている場合には、2度目以降の相続時の未成年者控除額は、制限を受けます。
　すなわち、2度目以降の相続の際の未成年者控除額は、その相続税の申告で計算した未成年者控除額から既往の相続の際に本人及びその扶養義務者が実際に控除を受けた残額(現在までの控除不足額)の範囲内に限って控除が受けられることとされています(相法19の3③)。
　ご質問のケースにおける未成年者控除額は、次のとおりになります。

(1)　改正後による1回目(令和2年)の未成年者控除額の限度
　　(18歳－3歳)×10万円＝150万円

(2)　改正後による控除繰越額
　　150万円－50万円＝100万円

(3)　母の相続における未成年者控除額
　　(18歳－11歳)×10万円＝70万円

(4)　母の相続税の申告で実際に適用できる上限額
　　(2)＞(3)より70万円

巻末資料

1　民法

第900条《法定相続分》

同順位の相続人が数人あるときは、その相続分は、次の各号の定めるところによる。

一　子及び配偶者が相続人であるときは、子の相続分及び配偶者の相続分は、各2分の1とする。

二　配偶者及び直系尊属が相続人であるときは、配偶者の相続分は、3分の2とし、直系尊属の相続分は、3分の1とする。

三　配偶者及び兄弟姉妹が相続人であるときは、配偶者の相続分は、4分の3とし、兄弟姉妹の相続分は、4分の1とする。

四　子、直系尊属又は兄弟姉妹が数人あるときは、各自の相続分は、相等しいものとする。ただし、父母の一方のみを同じくする兄弟姉妹の相続分は、父母の双方を同じくする兄弟姉妹の相続分の2分の1とする。

第901条《代襲相続人の相続分》

第887条第2項又は第3項の規定により相続人となる直系卑属の相続分は、その直系尊属が受けるべきであったものと同じとする。ただし、直系卑属が数人あるときは、その各自の直系尊属が受けるべきであった部分について、前条の規定に従ってその相続分を定める。

2　前項の規定は、第889条第2項の規定により兄弟姉妹の子が相続人となる場合について準用する。

第902条《遺言による相続分の指定》

被相続人は、前2条の規定にかかわらず、遺言で、共同相続人の相続分を定め、又はこれを定めることを第三者に委託することができる。

2　被相続人が、共同相続人中の一人若しくは数人の相続分のみを定め、又はこれを第三者に定めさせたときは、他の共同相続人の相続分は、前2条の規定により定める。

第903条《特別受益者の相続分》

共同相続人中に、被相続人から、遺贈を受け、又は婚姻若しくは養子縁組のため若しくは生計の資本として贈与を受けた者があるときは、被相続人が相続開始

の時において有した財産の価額にその贈与の価額を加えたものを相続財産とみなし、第900条から第902条までの規定により算定した相続分の中からその遺贈又は贈与の価額を控除した残額をもってその者の相続分とする。
2 　遺贈又は贈与の価額が、相続分の価額に等しく、又はこれを超えるときは、受遺者又は受贈者は、その相続分を受けることができない。
3 　被相続人が前2項の規定と異なった意思を表示したときは、その意思に従う。
4 　婚姻期間が20年以上の夫婦の一方である被相続人が、他の一方に対し、その居住の用に供する建物又はその敷地について遺贈又は贈与をしたときは、当該被相続人は、その遺贈又は贈与について第1項の規定を適用しない旨の意思を表示したものと推定する。

第904条

前条に規定する贈与の価額は、受贈者の行為によって、その目的である財産が滅失し、又はその価格の増減があったときであっても、相続開始の時においてなお原状のままであるものとみなしてこれを定める。

第904条の2《寄与分》

共同相続人中に、被相続人の事業に関する労務の提供又は財産上の給付、被相続人の療養看護その他の方法により被相続人の財産の維持又は増加について特別の寄与をした者があるときは、被相続人が相続開始の時において有した財産の価額から共同相続人の協議で定めたその者の寄与分を控除したものを相続財産とみなし、第900条から第902条までの規定により算定した相続分に寄与分を加えた額をもってその者の相続分とする。
2 　前項の協議が調わないとき、又は協議をすることができないときは、家庭裁判所は、同項に規定する寄与をした者の請求により、寄与の時期、方法及び程度、相続財産の額その他一切の事情を考慮して、寄与分を定める。
3 　寄与分は、被相続人が相続開始の時において有した財産の価額から遺贈の価額を控除した残額を超えることができない。
4 　第2項の請求は、第907条第2項の規定による請求があった場合又は第910条に規定する場合にすることができる。

第1028条《配偶者居住権》

被相続人の配偶者(以下この章において単に「配偶者」という。)は、被相続人

の財産に属した建物に相続開始の時に居住していた場合において、次の各号のいずれかに該当するときは、その居住していた建物(以下この節において「居住建物」という。)の全部について無償で使用及び収益をする権利(以下この章において「配偶者居住権」という。)を取得する。ただし、被相続人が相続開始の時に居住建物を配偶者以外の者と共有していた場合にあっては、この限りでない。
一　遺産の分割によって配偶者居住権を取得するものとされたとき。
二　配偶者居住権が遺贈の目的とされたとき。
2　居住建物が配偶者の財産に属することとなった場合であっても、他の者がその共有持分を有するときは、配偶者居住権は、消滅しない。
3　第903条第4項の規定は、配偶者居住権の遺贈について準用する。

第1029条《審判による配偶者居住権の取得》

遺産の分割の請求を受けた家庭裁判所は、次に掲げる場合に限り、配偶者が配偶者居住権を取得する旨を定めることができる。
一　共同相続人間に配偶者が配偶者居住権を取得することについて合意が成立しているとき。
二　配偶者が家庭裁判所に対して配偶者居住権の取得を希望する旨を申し出た場合において、居住建物の所有者の受ける不利益の程度を考慮してもなお配偶者の生活を維持するために特に必要があると認めるとき(前号に掲げる場合を除く。)。

第1030条《配偶者居住権の存続期間》

配偶者居住権の存続期間は、配偶者の終身の間とする。ただし、遺産の分割の協議若しくは遺言に別段の定めがあるとき、又は家庭裁判所が遺産の分割の審判において別段の定めをしたときは、その定めるところによる。

第1031条《配偶者居住権の登記等》

居住建物の所有者は、配偶者(配偶者居住権を取得した配偶者に限る。以下この節において同じ。)に対し、配偶者居住権の設定の登記を備えさせる義務を負う。
2　第605条の規定は配偶者居住権について、第605条の4の規定は配偶者居住権の設定の登記を備えた場合について準用する。

第1032条《配偶者による使用及び収益》

配偶者は、従前の用法に従い、善良な管理者の注意をもって、居住建物の使用

及び収益をしなければならない。ただし、従前居住の用に供していなかった部分について、これを居住の用に供することを妨げない。
2 配偶者居住権は、譲渡することができない。
3 配偶者は、居住建物の所有者の承諾を得なければ、居住建物の改築若しくは増築をし、又は第三者に居住建物の使用若しくは収益をさせることができない。
4 配偶者が第1項又は前項の規定に違反した場合において、居住建物の所有者が相当の期間を定めてその是正の催告をし、その期間内に是正がされないときは、居住建物の所有者は、当該配偶者に対する意思表示によって配偶者居住権を消滅させることができる。

第1033条《居住建物の修繕等》
配偶者は、居住建物の使用及び収益に必要な修繕をすることができる。
2 居住建物の修繕が必要である場合において、配偶者が相当の期間内に必要な修繕をしないときは、居住建物の所有者は、その修繕をすることができる。
3 居住建物が修繕を要するとき(第1項の規定により配偶者が自らその修繕をするときを除く。)、又は居住建物について権利を主張する者があるときは、配偶者は、居住建物の所有者に対し、遅滞なくその旨を通知しなければならない。ただし、居住建物の所有者が既にこれを知っているときは、この限りでない。

第1034条《居住建物の費用の負担》
配偶者は、居住建物の通常の必要費を負担する。
2 第583条第2項の規定は、前項の通常の必要費以外の費用について準用する。

第1035条《居住建物の返還等》
配偶者は、配偶者居住権が消滅したときは、居住建物の返還をしなければならない。ただし、配偶者が居住建物について共有持分を有する場合は、居住建物の所有者は、配偶者居住権が消滅したことを理由としては、居住建物の返還を求めることができない。
2 第599条第1項及び第2項並びに第621条の規定は、前項本文の規定により配偶者が相続の開始後に附属させた物がある居住建物又は相続の開始後に生じた損傷がある居住建物の返還をする場合について準用する。

第1036条《使用貸借及び賃貸借の規定の準用》
第597条第1項及び第3項、第600条、第613条並びに第616条の2の規定は、配

偶者居住権について準用する。

第1037条《配偶者短期居住権》

　　配偶者は、被相続人の財産に属した建物に相続開始の時に無償で居住していた場合には、次の各号に掲げる区分に応じてそれぞれ当該各号に定める日までの間、その居住していた建物(以下この節において「居住建物」という。)の所有権を相続又は遺贈により取得した者(以下この節において「居住建物取得者」という。)に対し、居住建物について無償で使用する権利(居住建物の一部のみを無償で使用していた場合にあっては、その部分について無償で使用する権利。以下この節において「配偶者短期居住権」という。)を有する。ただし、配偶者が、相続開始の時において居住建物に係る配偶者居住権を取得したとき、又は第891条の規定に該当し若しくは廃除によってその相続権を失ったときは、この限りでない。

一　居住建物について配偶者を含む共同相続人間で遺産の分割をすべき場合　遺産の分割により居住建物の帰属が確定した日又は相続開始の時から6箇月を経過する日のいずれか遅い日

二　前号に掲げる場合以外の場合　第3項の申入れの日から6箇月を経過する日

2　前項本文の場合においては、居住建物取得者は、第三者に対する居住建物の譲渡その他の方法により配偶者の居住建物の使用を妨げてはならない。

3　居住建物取得者は、第1項第1号に掲げる場合を除くほか、いつでも配偶者短期居住権の消滅の申入れをすることができる。

第1038条《配偶者による使用》

　　配偶者(配偶者短期居住権を有する配偶者に限る。以下この節において同じ。)は、従前の用法に従い、善良な管理者の注意をもって、居住建物の使用をしなければならない。

2　配偶者は、居住建物取得者の承諾を得なければ、第三者に居住建物の使用をさせることができない。

3　配偶者が前2項の規定に違反したときは、居住建物取得者は、当該配偶者に対する意思表示によって配偶者短期居住権を消滅させることができる。

第1039条《配偶者居住権の取得による配偶者短期居住権の消滅》

　　配偶者が居住建物に係る配偶者居住権を取得したときは、配偶者短期居住権は、消滅する。

第1040条《居住建物の返還等》

配偶者は、前条に規定する場合を除き、配偶者短期居住権が消滅したときは、居住建物の返還をしなければならない。ただし、配偶者が居住建物について共有持分を有する場合は、居住建物取得者は、配偶者短期居住権が消滅したことを理由としては、居住建物の返還を求めることができない。

2 第599条第１項及び第２項並びに第621条の規定は、前項本文の規定により配偶者が相続の開始後に附属させた物がある居住建物又は相続の開始後に生じた損傷がある居住建物の返還をする場合について準用する。

第1041条《使用貸借等の規定の準用》

第597条第３項、第600条、第616条の２、第1032条第２項、第1033条及び第1034条の規定は、配偶者短期居住権について準用する。

第1046条《遺留分侵害額の請求》

遺留分権利者及びその承継人は、受遺者(特定財産承継遺言により財産を承継し又は相続分の指定を受けた相続人を含む。以下この章において同じ。)又は受贈者に対し、遺留分侵害額に相当する金銭の支払を請求することができる。

2 遺留分侵害額は、第1042条の規定による遺留分から第１号及び第２号に掲げる額を控除し、これに第３号に掲げる額を加算して算定する。

 一 遺留分権利者が受けた遺贈又は第903条第１項に規定する贈与の価額
 二 第900条から第902条まで、第903条及び第904条の規定により算定した相続分に応じて遺留分権利者が取得すべき遺産の価額
 三 被相続人が相続開始の時において有した債務のうち、第899条の規定により遺留分権利者が承継する債務(次条第３項において「遺留分権利者承継債務」という。)の額

第1047条《受遺者又は受贈者の負担額》

受遺者又は受贈者は、次の各号の定めるところに従い、遺贈(特定財産承継遺言による財産の承継又は相続分の指定による遺産の取得を含む。以下この章において同じ。)又は贈与(遺留分を算定するための財産の価額に算入されるものに限る。以下この章において同じ。)の目的の価額(受遺者又は受贈者が相続人である場合にあっては、当該価額から第1042条の規定による遺留分として当該相続人が受けるべき額を控除した額)を限度として、遺留分侵害額を負担する。

一　受遺者と受贈者とがあるときは、受遺者が先に負担する。
二　受遺者が複数あるとき、又は受贈者が複数ある場合においてその贈与が同時にされたものであるときは、受遺者又は受贈者がその目的の価額の割合に応じて負担する。ただし、遺言者がその遺言に別段の意思を表示したときは、その意思に従う。
三　受贈者が複数あるとき(前号に規定する場合を除く。)は、後の贈与に係る受贈者から順次前の贈与に係る受贈者が負担する。
2　第904条、第1043条第2項及び第1045条の規定は、前項に規定する遺贈又は贈与の目的の価額について準用する。
3　前条第1項の請求を受けた受遺者又は受贈者は、遺留分権利者承継債務について弁済その他の債務を消滅させる行為をしたときは、消滅した債務の額の限度において、遺留分権利者に対する意思表示によって第1項の規定により負担する債務を消滅させることができる。この場合において、当該行為によって遺留分権利者に対して取得した求償権は、消滅した当該債務の額の限度において消滅する。
4　受遺者又は受贈者の無資力によって生じた損失は、遺留分権利者の負担に帰する。
5　裁判所は、受遺者又は受贈者の請求により、第1項の規定により負担する債務の全部又は一部の支払につき相当の期限を許与することができる。

第1050条《特別の寄与》

　被相続人に対して無償で療養看護その他の労務の提供をしたことにより被相続人の財産の維持又は増加について特別の寄与をした被相続人の親族(相続人、相続の放棄をした者及び第891条の規定に該当し又は廃除によってその相続権を失った者を除く。以下この条において「特別寄与者」という。)は、相続の開始後、相続人に対し、特別寄与者の寄与に応じた額の金銭(以下この条において「特別寄与料」という。)の支払を請求することができる。
2　前項の規定による特別寄与料の支払について、当事者間に協議が調わないとき、又は協議をすることができないときは、特別寄与者は、家庭裁判所に対して協議に代わる処分を請求することができる。ただし、特別寄与者が相続の開始及び相続人を知った時から6箇月を経過したとき、又は相続開始の時から1年を経過したときは、この限りでない。
3　前項本文の場合には、家庭裁判所は、寄与の時期、方法及び程度、相続財産の

額その他一切の事情を考慮して、特別寄与料の額を定める。
4　特別寄与料の額は、被相続人が相続開始の時において有した財産の価額から遺贈の価額を控除した残額を超えることができない。
5　相続人が数人ある場合には、各相続人は、特別寄与料の額に第900条から第902条までの規定により算定した当該相続人の相続分を乗じた額を負担する。

(注)上記の下線部分は筆者により挿入

2 相続税法関係

(1) 相続税法

第4条《遺贈により取得したものとみなす場合》

　民法第958条の3第1項《特別縁故者に対する相続財産の分与》の規定により同項に規定する相続財産の全部又は一部を与えられた場合においては、その与えられた者が、その与えられた時における当該財産の時価(当該財産の評価について第3章に特別の定めがある場合には、その規定により評価した価額)に相当する金額を当該財産に係る被相続人から遺贈により取得したものとみなす。

2　特別寄与者が支払を受けるべき特別寄与料の額が確定した場合においては、当該特別寄与者が、当該特別寄与料の額に相当する金額を当該特別寄与者による特別の寄与を受けた被相続人から遺贈により取得したものとみなす。

第13条《遺贈により取得したものとみなす場合》

　相続又は遺贈(包括遺贈及び被相続人からの相続人に対する遺贈に限る。以下この条において同じ。)により財産を取得した者が第1条の3第1項第1号又は第2号の規定に該当する者である場合においては、当該相続又は遺贈により取得した財産については、課税価格に算入すべき価額は、当該財産の価額から次に掲げるものの金額のうちその者の負担に属する部分の金額を控除した金額による。

一　被相続人の債務で相続開始の際現に存するもの(公租公課を含む。)
二　被相続人に係る葬式費用

2　相続又は遺贈により財産を取得した者が第1条の3第1項第3号又は第4号の規定に該当する者である場合においては、当該相続又は遺贈により取得した財産でこの法律の施行地にあるものについては、課税価格に算入すべき価額は、当該財産の価額から被相続人の債務で次に掲げるものの金額のうちその者の負担に属する部分の金額を控除した金額による。

一　その財産に係る公租公課
二　その財産を目的とする留置権、特別の先取特権、質権又は抵当権で担保される債務
三　前2号に掲げる債務を除くほか、その財産の取得、維持又は管理のために生じた債務

四　その財産に関する贈与の義務
　　五　前各号に掲げる債務を除くほか、被相続人が死亡の際この法律の施行地に営業所又は事業所を有していた場合においては、当該営業所又は事業所に係る営業上又は事業上の債務
3　前条第１項第２号又は第３号に掲げる財産の取得、維持又は管理のために生じた債務の金額は、前２項の規定による控除金額に算入しない。ただし、同条第２項の規定により同号に掲げる財産の価額を課税価格に算入した場合においては、この限りでない。
4　特別寄与者が支払を受けるべき特別寄与料の額が当該特別寄与者に係る課税価格に算入される場合においては、当該特別寄与料を支払うべき相続人が相続又は遺贈により取得した財産については、当該相続人に係る課税価格に算入すべき価額は、当該財産の価額から当該特別寄与料の額のうちその者の負担に属する部分の金額を控除した金額による。

第19条の３《未成年者控除》

　　相続又は遺贈により財産を取得した者(第１条の３第１項第３号又は第４号の規定に該当する者を除く。)が当該相続又は遺贈に係る被相続人の民法第５編第２章(相続人)の規定による相続人(相続の放棄があった場合には、その放棄がなかったものとした場合における相続人)に該当し、かつ、18歳未満の者である場合においては、その者については、第15条から前条までの規定により算出した金額から10万円にその者が18歳に達するまでの年数(当該年数が１年未満であるとき、又はこれに１年未満の端数があるときは、これを１年とする。)を乗じて算出した金額を控除した金額をもって、その納付すべき相続税額とする。
2　前項の規定により控除を受けることができる金額がその控除を受ける者について第15条から前条までの規定により算出した金額を超える場合においては、その超える部分の金額は、政令で定めるところにより、その控除を受ける者の扶養義務者が同項の被相続人から相続又は遺贈により取得した財産の価額について第15条から前条までの規定により算出した金額から控除し、その控除後の金額をもって、当該扶養義務者の納付すべき相続税額とする。
3　第１項の規定に該当する者がその者又はその扶養義務者について既に前２項の規定による控除を受けたことがある者である場合においては、その者又はその扶

養義務者がこれらの規定による控除を受けることができる金額は、既に控除を受けた金額の合計額が第１項の規定による控除を受けることができる金額（２回以上これらの規定による控除を受けた場合には、最初に相続又は遺贈により財産を取得した際に同項の規定による控除を受けることができる金額）に満たなかつた場合におけるその満たなかつた部分の金額の範囲内に限る。

第21条の15

特定贈与者から相続又は遺贈により財産を取得した相続時精算課税適用者については、当該特定贈与者からの贈与により取得した財産で第21条の９第３項の規定の適用を受けるもの（第21条の２第１項から第３項まで、第21条の３、第21条の４及び第21条の10の規定により当該取得の日の属する年分の贈与税の課税価格計算の基礎に算入されるものに限る。）の価額を相続税の課税価格に加算した価額をもって、相続税の課税価格とする。

2　特定贈与者から相続又は遺贈により財産を取得した相続時精算課税適用者及び他の者に係る相続税の計算についての第13条、第18条、第19条、第19条の３及び第20条の規定の適用については、第13条第１項中「取得した財産」とあるのは「取得した財産及び被相続人が第21条の９第５項に規定する特定贈与者である場合の当該被相続人からの贈与により取得した同条第３項の規定の適用を受ける財産」と、同条第２項中「あるもの」とあるのは「あるもの及び被相続人が第21条の９第５項に規定する特定贈与者である場合の当該被相続人からの贈与により取得した同条第３項の規定の適用を受ける財産」と、同条第４項中「取得した財産」とあるのは「取得した財産及び被相続人が第21条の９第５項に規定する特定贈与者である場合の当該被相続人からの贈与により取得した同条第３項の規定の適用を受ける財産」と、第18条第１項中「とする」とあるのは「とする。ただし、贈与により財産を取得した時において当該被相続人の当該一親等の血族であった場合には、当該被相続人から取得した当該財産に対応する相続税額として政令で定めるものについては、この限りでない」と、第19条第１項中「特定贈与財産」とあるのは「特定贈与財産及び第21条の９第３項の規定の適用を受ける財産」と、第19条の３第３項中「財産」とあるのは「財産（当該相続に係る被相続人からの贈与により取得した財産で第21条の９第３項の規定の適用を受けるものを含む。）」と、第20条第１号中「事由により取得した財産」とあるのは「事由により取得した財産（当

該被相続人からの贈与により取得した財産で第21条の9第3項の規定の適用を受けるものを含む。)」と、同条第2号中「財産の価額」とあるのは「財産(当該被相続人からの贈与により取得した財産で第21条の9第3項の規定の適用を受けるものを含む。)の価額」とする。

3　第1項の場合において、第21条の9第3項の規定の適用を受ける財産につき課せられた贈与税があるときは、相続税額から当該贈与税の税額(第21条の8の規定による控除前の税額とし、延滞税、利子税、過少申告加算税、無申告加算税及び重加算税に相当する税額を除く。)に相当する金額を控除した金額をもつて、その納付すべき相続税額とする。

第23条の2　《配偶者居住権等の評価》

　配偶者居住権の価額は、第1号に掲げる価額から同号に掲げる価額に第2号に掲げる数及び第3号に掲げる割合を乗じて得た金額を控除した残額とする。

一　当該配偶者居住権の目的となっている建物の相続開始の時における当該配偶者居住権が設定されていないものとした場合の時価(当該建物の一部が賃貸の用に供されている場合又は被相続人が当該相続開始の直前において当該建物をその配偶者と共有していた場合には、当該建物のうち当該賃貸の用に供されていない部分又は当該被相続人の持分の割合に応ずる部分の価額として政令で定めるところにより計算した金額)

二　当該配偶者居住権が設定された時におけるイに掲げる年数をロに掲げる年数で除して得た数(イ又はロに掲げる年数が零以下である場合には、零)

　イ　当該配偶者居住権の目的となっている建物の耐用年数(所得税法の規定に基づいて定められている耐用年数に準ずるものとして政令で定める年数をいう。ロにおいて同じ。)から建築後の経過年数(6月以上の端数は1年とし、6月に満たない端数は切り捨てる。ロにおいて同じ。)及び当該配偶者居住権の存続年数(当該配偶者居住権が存続する年数として政令で定める年数をいう。次号において同じ。)を控除した年数

　ロ　イの建物の耐用年数から建築後の経過年数を控除した年数

三　当該配偶者居住権が設定された時における当該配偶者居住権の存続年数に応じ、法定利率による複利の計算で現価を算出するための割合として財務省令で定めるもの

2　配偶者居住権の目的となっている建物の価額は、当該建物の相続開始の時における当該配偶者居住権が設定されていないものとした場合の時価から前項の規定により計算した当該配偶者居住権の価額を控除した残額とする。

3　配偶者居住権の目的となっている建物の敷地の用に供される土地(土地の上に存する権利を含む。以下この条において同じ。)を当該配偶者居住権に基づき使用する権利の価額は、第1号に掲げる価額から第2号に掲げる金額を控除した残額とする。

一　当該土地の相続開始の時における当該配偶者居住権が設定されていないものとした場合の時価(当該建物の一部が賃貸の用に供されている場合又は被相続人が当該相続開始の直前において当該土地を他の者と共有し、若しくは当該建物をその配偶者と共有していた場合には、当該建物のうち当該賃貸の用に供されていない部分に応ずる部分又は当該被相続人の持分の割合に応ずる部分の価額として政令で定めるところにより計算した金額)

二　前号に掲げる価額に第1項第3号に掲げる割合を乗じて得た金額

4　配偶者居住権の目的となっている建物の敷地の用に供される土地の価額は、当該土地の相続開始の時における当該配偶者居住権が設定されていないものとした場合の時価から前項の規定により計算した権利の価額を控除した残額とする。

第29条《相続財産法人に係る財産を与えられた者等に係る相続税の申告書》

　　第4条第1項又は第2項に規定する事由が生じたため新たに第27条第1項に規定する申告書を提出すべき要件に該当することとなった者は、同項の規定にかかわらず、当該事由が生じたことを知った日の翌日から10月以内(その者が国税通則法第117条第2項《納税管理人》の規定による納税管理人の届出をしないで当該期間内にこの法律の施行地に住所及び居所を有しないこととなるときは、当該住所及び居所を有しないこととなる日まで)に課税価格、相続税額その他財務省令で定める事項を記載した申告書を納税地の所轄税務署長に提出しなければならない。

2　第27条第2項及び第4項から第6項までの規定は、前項の場合について準用する。

第31条《修正申告の特則》

　　第27条若しくは第29条の規定による申告書又はこれらの申告書に係る期限後申

告書を提出した者(相続税について決定を受けた者を含む。)は、次条第1項第1号から第6号までに規定する事由が生じたため既に確定した相続税額に不足を生じた場合には、修正申告書を提出することができる。

2　前項に規定する者は、第4条第1項又は第2項に規定する事由が生じたため既に確定した相続税額に不足を生じた場合には、当該事由が生じたことを知った日の翌日から10月以内(その者が国税通則法第117条第2項《納税管理人》の規定による納税管理人の届出をしないで当該期間内にこの法律の施行地に住所及び居所を有しないこととなるときは、当該住所及び居所を有しないこととなる日まで)に修正申告書を納税地の所轄税務署長に提出しなければならない。

第32条《更正の請求の特則》

　　相続税又は贈与税について申告書を提出した者又は決定を受けた者は、次の各号のいずれかに該当する事由により当該申告又は決定に係る課税価格及び相続税額又は贈与税額(当該申告書を提出した後又は当該決定を受けた後修正申告書の提出又は更正があった場合には、当該修正申告又は更正に係る課税価格及び相続税額又は贈与税額)が過大となったときは、当該各号に規定する事由が生じたことを知った日の翌日から4月以内に限り、納税地の所轄税務署長に対し、その課税価格及び相続税額又は贈与税額につき更正の請求(国税通則法第23条第1項《更正の請求》の規定による更正の請求をいう。第33条の2において同じ。)をすることができる。

一　第55条の規定により分割されていない財産について民法(第904条の2《寄与分》を除く。)の規定による相続分又は包括遺贈の割合に従って課税価格が計算されていた場合において、その後当該財産の分割が行われ、共同相続人又は包括受遺者が当該分割により取得した財産に係る課税価格が当該相続分又は包括遺贈の割合に従って計算された課税価格と異なることとなったこと。

二　民法第787条《認知の訴え》又は第892条から第894条まで《推定相続人の廃除等》の規定による認知、相続人の廃除又はその取消しに関する裁判の確定、同法第884条《相続回復請求権》に規定する相続の回復、同法第919条第2項《相続の承認及び放棄の撤回及び取消し》の規定による相続の放棄の取消しその他の事由により相続人に異動を生じたこと。

三　遺留分侵害額の請求に基づき支払うべき金銭の額が確定したこと。

四　遺贈に係る遺言書が発見され、又は遺贈の放棄があったこと。
五　第42条第30項(第45条第２項において準用する場合を含む。)の規定により条件を付して物納の許可がされた場合(第48条第２項の規定により当該許可が取り消され、又は取り消されることとなる場合に限る。)において、当該条件に係る物納に充てた財産の性質その他の事情に関し政令で定めるものが生じたこと。
六　前各号に規定する事由に準ずるものとして政令で定める事由が生じたこと。
七　第４条第１項又は第２項に規定する事由が生じたこと。
八　第19条の２第２項ただし書の規定に該当したことにより、同項の分割が行われた時以後において同条第１項の規定を適用して計算した相続税額がその時前において同項の規定を適用して計算した相続税額と異なることとなったこと(第１号に該当する場合を除く。)。
九　次に掲げる事由が生じたこと。
　　イ　所得税法第137条の２第13項《国外転出をする場合の譲渡所得等の特例の適用がある場合の納税猶予》の規定により同条第１項の規定の適用を受ける同項に規定する国外転出をした者に係る同項に規定する納税猶予分の所得税額に係る納付の義務を承継したその者の相続人が当該納税猶予分の所得税額に相当する所得税を納付することとなったこと。
　　ロ　所得税法第137条の３第15項《贈与等により非居住者に資産が移転した場合の譲渡所得等の特例の適用がある場合の納税猶予》の規定により同条第７項に規定する適用贈与者等に係る同条第４項に規定する納税猶予分の所得税額に係る納付の義務を承継した当該適用贈与者等の相続人が当該納税猶予分の所得税額に相当する所得税を納付することとなったこと。
　　ハ　イ及びロに類する事由として政令で定める事由
十　贈与税の課税価格計算の基礎に算入した財産のうちに第21条の２第４項の規定に該当するものがあったこと。
２　贈与税について申告書を提出した者に対する国税通則法第23条の規定の適用については、同条第１項中「５年」とあるのは、「６年」とする。

第35条《更正及び決定の特則》

　　税務署長は、第31条第２項の規定に該当する者が同項の規定による修正申告書を提出しなかった場合においては、その課税価格又は相続税額を更正する。

2　税務署長は、次の各号のいずれかに該当する場合においては、申告書の提出期限前においても、その課税価格又は相続税額若しくは贈与税額の更正又は決定をすることができる。
　一　第27条第1項又は第2項に規定する事由に該当する場合において、同条第1項に規定する者の被相続人が死亡した日の翌日から10月を経過したとき。
　二　第28条第2項第1号に掲げる場合において、同号に規定する者が死亡した日の翌日から10月を経過したとき。
　三　第28条第2項第2号に掲げる場合において、同号に規定する者が死亡した日の翌日から10月を経過したとき。
　四　第28条第2項第3号に掲げる場合において、同号に規定する申告書の提出期限を経過したとき。
　五　第29条第1項若しくは同条第2項において準用する第27条第2項又は第31条第2項に規定する事由に該当する場合において、第4条第1項又は第2項に規定する事由が生じた日の翌日から10月を経過したとき。
3　税務署長は、第32条第1項第1号から第6号までの規定による更正の請求に基づき更正をした場合において、当該請求をした者の被相続人から相続又は遺贈により財産を取得した他の者(当該被相続人から第21条の9第3項の規定の適用を受ける財産を贈与により取得した者を含む。以下この項において同じ。)につき次に掲げる事由があるときは、当該事由に基づき、その者に係る課税価格又は相続税額の更正又は決定をする。ただし、当該請求があった日から1年を経過した日と国税通則法第70条《国税の更正、決定等の期間制限》の規定により更正又は決定をすることができないこととなる日とのいずれか遅い日以後においては、この限りでない。
　一　当該他の者が第27条若しくは第29条の規定による申告書(これらの申告書に係る期限後申告書及び修正申告書を含む。)を提出し、又は相続税について決定を受けた者である場合において、当該申告又は決定に係る課税価格又は相続税額(当該申告又は決定があった後修正申告書の提出又は更正があった場合には、当該修正申告又は更正に係る課税価格又は相続税額)が当該請求に基づく更正の基因となった事実を基礎として計算した場合におけるその者に係る課税価格又は相続税額と異なることとなること。

二　当該他の者が前号に規定する者以外の者である場合において、その者につき同号に規定する事実を基礎としてその課税価格及び相続税額を計算することにより、その者が新たに相続税を納付すべきこととなること。

4　税務署長は、次に掲げる事由により第1号若しくは第3号の申告書を提出した者若しくは第2号の決定若しくは第4号若しくは第5号の更正を受けた者又はこれらの者の被相続人から相続若しくは遺贈により財産を取得した他の者（当該被相続人から第21条の9第3項の規定の適用を受ける財産を贈与により取得した者を含む。）の相続税の課税価格又は相続税額が過大又は過少となった場合（前項の規定の適用がある場合を除く。）には、これらの者に係る相続税の課税価格又は相続税額の更正又は決定をする。ただし、次に掲げる事由が生じた日から1年を経過した日と国税通則法第70条の規定により更正又は決定をすることができないこととなる日とのいずれか遅い日以後においては、この限りでない。

一　所得税法第151条の5第1項から第3項まで《遺産分割等があった場合の期限後申告等の特例》（これらの規定を同法第166条《申告、納付及び還付》において準用する場合を含む。）の規定による申告書の提出があったこと。

二　所得税法第151条の5第4項の規定による決定があったこと。

三　所得税法第151条の6第1項《遺産分割等があった場合の修正申告の特例》（同法第166条において準用する場合を含む。）の規定による修正申告書の提出があったこと。

四　所得税法第151条の6第2項の規定による更正があったこと。

五　所得税法第153条の5《遺産分割等があった場合の更正の請求の特例》（同法第167条《更正の請求の特例》において準用する場合を含む。）の規定による更正の請求に基づく更正があったこと。

5　税務署長は、第21条の2第4項の規定の適用を受けていた者が、第32条第1項第1号から第6号までに規定する事由が生じたことにより相続又は遺贈による財産の取得をしないこととなったため新たに第28条第1項に規定する申告書を提出すべき要件に該当することとなった場合又は既に確定した贈与税額に不足を生じた場合には、その者に係る贈与税の課税価格又は贈与税額の更正又は決定をする。ただし、これらの事由が生じた日から1年を経過した日と次条の規定により更正又は決定をすることができないこととなる日とのいずれか遅い日以後においては、

この限りでない。

(2) 相続税法施行令
第5条の8《建物の一部が賃貸の用に供されている場合等の配偶者居住権の価額等》

　法第23条の2第1項第1号に規定する政令で定めるところにより計算した金額は、次の各号に掲げる場合の区分に応じ当該各号に定める金額とする。
一　配偶者居住権の目的となっている建物(以下この条において「居住建物」という。)の一部が賃貸の用に供されている場合(第3号に掲げる場合を除く。)　イに掲げる価額にロに掲げる割合を乗じて計算した金額
　　イ　当該居住建物の相続開始の時における当該配偶者居住権が設定されておらず、かつ、当該賃貸の用に供されていないものとした場合の時価
　　ロ　当該居住建物の床面積のうちに当該賃貸の用に供されている部分以外の部分の床面積の占める割合
二　被相続人が居住建物を相続開始の直前においてその配偶者と共有していた場合(次号に掲げる場合を除く。)　イに掲げる価額にロに掲げる割合を乗じて計算した金額
　　イ　当該居住建物の相続開始の時における配偶者居住権が設定されていないものとした場合の時価
　　ロ　当該被相続人が有していた当該居住建物の持分の割合
三　居住建物の一部が賃貸の用に供されており、かつ、被相続人が当該居住建物を相続開始の直前においてその配偶者と共有していた場合　第1号イに掲げる価額に同号ロに掲げる割合及び前号ロに掲げる割合を乗じて計算した金額
2　法第23条の2第1項第2号イに規定する耐用年数に準ずるものとして政令で定める年数は、所得税法施行令第129条(減価償却資産の耐用年数、償却率等)に規定する耐用年数のうち居住建物に係るものとして財務省令で定めるものに1.5を乗じて計算した年数(6月以上の端数は1年とし、6月に満たない端数は切り捨てる。)とする。
3　法第23条の2第1項第2号イに規定する配偶者居住権が存続する年数として政令で定める年数は、次の各号に掲げる場合の区分に応じ当該各号に定める年数(6

月以上の端数は1年とし、6月に満たない端数は切り捨てる。)とする。
　一　配偶者居住権の存続期間が配偶者の終身の間とされている場合　当該配偶者居住権が設定された時における当該配偶者の平均余命(年齢及び性別に応じた厚生労働省の作成に係る生命表を勘案して財務省令で定める平均余命をいう。次号において同じ。)
　二　前号に掲げる場合以外の場合　遺産の分割の協議若しくは審判又は遺言により定められた配偶者居住権の存続期間の年数(当該年数が当該配偶者居住権が設定された時における配偶者の平均余命を超える場合には、当該平均余命)
4　法第23条の2第3項第1号に規定する政令で定めるところにより計算した金額は、次の各号に掲げる場合の区分に応じ当該各号に定める金額とする。
　一　居住建物の一部が賃貸の用に供されている場合(第3号に掲げる場合を除く。)　イに掲げる価額にロに掲げる割合を乗じて計算した金額
　　イ　当該居住建物の敷地の用に供される土地(土地の上に存する権利を含む。以下この項において同じ。)の相続開始の時における配偶者居住権が設定されておらず、かつ、当該居住建物が当該賃貸の用に供されていないものとした場合の時価
　　ロ　当該居住建物の床面積のうちに当該賃貸の用に供されている部分以外の部分の床面積の占める割合
　二　被相続人が居住建物の敷地の用に供される土地を相続開始の直前において他の者と共有し、又は居住建物をその配偶者と共有していた場合(次号に掲げる場合を除く。)　イに掲げる価額にロに掲げる割合を乗じて計算した金額
　　イ　当該土地の当該相続開始の時における配偶者居住権が設定されていないものとした場合の時価
　　ロ　当該被相続人が有していた当該土地又は当該居住建物の持分の割合(当該被相続人が当該土地の持分及び当該居住建物の持分を有していた場合には、これらの持分の割合のうちいずれか低い割合)
　三　居住建物の一部が賃貸の用に供されており、かつ、被相続人が当該居住建物の敷地の用に供される土地を相続開始の直前において他の者と共有し、又は当該居住建物をその配偶者と共有していた場合　第1号イに掲げる価額に同号ロに掲げる割合及び前号ロに掲げる割合を乗じて計算した金額

第5条の9 《定期金給付契約の目的とされた者に係る余命年数》

　法第24条第1項第3号ハに規定する余命年数として政令で定める年数は、同号の終身定期金に係る定期金給付契約の目的とされた者の年齢及び性別に応じた厚生労働省の作成に係る生命表を勘案して財務省令で定める平均余命とする。

第19条 《物納劣後財産》

　法第41条第4項に規定する政令で定める財産は、次に掲げるもの(前条各号に定めるものを除く。)とする。

一　地上権、永小作権若しくは耕作を目的とする賃借権、地役権又は入会権が設定されている土地

二　法令の規定に違反して建築された建物及びその敷地

三　次のイからニまでに掲げる事業が施行され、その施行に係る土地につき当該イからニまでに規定する法律の定めるところにより仮換地(仮に使用又は収益をすることができる権利の目的となるべき土地又はその部分を含む。)又は一時利用地の指定がされていない土地(当該指定後において使用又は収益をすることができない当該仮換地又は一時利用地に係る土地を含む。)

　イ　土地区画整理法(昭和29年法律第119号)による土地区画整理事業

　ロ　新都市基盤整備法(昭和47年法律第86号)による土地整理

　ハ　大都市地域における住宅及び住宅地の供給の促進に関する特別措置法(昭和50年法律第67号)による住宅街区整備事業

　ニ　土地改良法(昭和24年法律第195号)による土地改良事業

四　現に納税義務者の居住の用又は事業の用に供されている建物及びその敷地(当該納税義務者が当該建物及びその敷地について物納の許可を申請する場合を除く。)

五　配偶者居住権の目的となっている建物及びその敷地

六　劇場、工場、浴場その他の維持又は管理に特殊技能を要する建物及びこれらの敷地

七　建築基準法(昭和25年法律第201号)第43条第1項(敷地等と道路との関係)に規定する道路に2メートル以上接していない土地

八　都市計画法(昭和43年法律第100号)第29条第1項又は第2項(開発行為の許可)の規定による都道府県知事の許可を受けなければならない同法第4条第12項(定

義)に規定する開発行為をする場合において、当該開発行為が同法第33条第1項第2号(開発許可の基準)に掲げる基準(都市計画法施行令(昭和44年政令第158号)第25条第2号(法第33条第1項各号を適用するについて必要な技術的細目)に掲げる技術的細目に係るものに限る。)に適合しないときにおける当該開発行為に係る土地

九 都市計画法第7条第2項(区域区分)に規定する市街化区域以外の区域にある土地(宅地として造成することができるものを除く。)

十 農業振興地域の整備に関する法律(昭和44年法律第58号)第8条第1項(市町村の定める農業振興地域整備計画)の農業振興地域整備計画において同条第2項第1号の農用地区域として定められた区域内の土地

十一 森林法(昭和26年法律第249号)第25条又は第25条の2(指定)の規定により保安林として指定された区域内の土地

十二 法令の規定により建物の建築をすることができない土地(建物の建築をすることができる面積が著しく狭くなる土地を含む。)

十三 過去に生じた事件又は事故その他の事情により、正常な取引が行われないおそれがある不動産及びこれに隣接する不動産

十四 事業の休止(一時的な休止を除く。)をしている法人に係る株式に係る株券

相続税法施行令の一部を改正する政令(平成31年政令第98号)附則 《経過措置》

改正後の相続税法施行令第4条の14第一項及び第4条の15第1項の規定は、平成31年7月1日以後に開始する相続に係るこれらの規定の遺留分侵害額の請求があった場合について適用し、同日前に開始した相続に係る改正前の同令第4条の14第1項又は第4条の15第1項の遺留分による減殺の請求があった場合については、なお従前の例による。

(3) 相続税法施行規則
第12条の2 《耐用年数》

施行令第5条の8第2項に規定する財務省令で定める耐用年数は、配偶者居住権の目的となっている建物の全部が住宅用であるものとした場合における当該建物に係る減価償却資産の耐用年数等に関する省令(昭和40年大蔵省令第15号)に定

める耐用年数とする。

第12条の3 《配偶者の平均余命》
　施行令第5条の8第3項第1号に規定する財務省令で定める平均余命は、厚生労働省の作成に係る完全生命表に掲げる年齢及び性別に応じた平均余命とする。

著者紹介

税理士・不動産鑑定士
松 本 好 正（まつもと　よしまさ）

平成10年7月　東京国税局　課税第一部国税訟務官室
平成15年7月　東京国税局　課税第一部資産評価官付
平成17年7月　板橋税務署　資産課税部門
平成19年8月　松本税理士・不動産鑑定士事務所設立
現在、東京税理士会麻布支部会員及び公益社団法人　日本不動産鑑定士協会連合会会員、税務大学校講師

〔著書〕
『「無償返還」「相当地代」「使用貸借」等に係る借地権課税のすべて』（税務研究会）
『実践　土地の有効活用　所法58条の交換・共有地の解消（分割）・立体買換えに係る実務とQ&A』（税務研究会）
『Q&Aと解説でわかる等価交換と事業用資産の買換えの税務』（大蔵財務協会）
『事業承継のための非上場株式等に係る納税猶予の実務と申告書の記載例』（大蔵財務協会）
『相続財産評価マニュアル』相続財産評価実務研究会　編集（新日本法規）
『相続財産調査・算定等の実務』相続財産調査実務研究会　編集（新日本法規）
『非上場株式の評価の仕方と記載例』（大蔵財務協会）
『非上場株式評価のQ&A』（大蔵財務協会）
『相続税法特有の更正の請求の実務』（大蔵財務協会）
『基礎控除引下げ後の相続税税務調査対策の手引』共著（新日本法規）
『Q&A　市街地近郊土地の評価』（大蔵財務協会）

〔主な執筆〕
『平成15年版　相続税／贈与税　土地評価の実務』庄司範秋　編（大蔵財務協会）
『平成16年版　回答事例による資産税質疑応答集』北本高男／庄司範秋　共編（大蔵財務協会）
『平成17年　図解　財産評価』板垣勝義　編（大蔵財務協会）
『平成17年　株式・公社債評価の実務』板垣勝義　編（大蔵財務協会）
　　　　　　　　　　　　　　　　　　　　　　　　（いずれも共同執筆）
『税理2011.8相続財産に瑕疵がある場合の実務対応』（ぎょうせい）

本書の内容に関するご質問は、ファクシミリ等、文書で編集部宛にお願いいたします。(fax 03-6777-3483)
なお、個別のご相談は受け付けておりません。

配偶者居住権等を中心とした
改正された相続税実務

令和元年11月 6 日　初版第 1 刷印刷
令和元年11月15日　初版第 1 刷発行
令和 2 年 7 月28日　初版第 2 刷発行

（著者承認検印省略）

Ⓒ 著者　松　本　好　正

発行所　税務研究会出版局

週刊「税務通信」「経営財務」発行所

代表者　山　根　　毅

〒100-0005
東京都千代田区丸の内 1 - 8 - 2
鉄鋼ビルディング
振替00160-3-76223

電話〔書 籍 編 集〕　03(6777)3463
　　　〔書 店 専 用〕　03(6777)3466
　　　〔書 籍 注 文〕　03(6777)3450
　　　（お客さまサービスセンター）

●　各事業所　電話番号一覧　●

北海道 011(221)8348　神奈川 045(263)2822　中 国 082(243)3720
東　北 022(222)3858　中　部 052(261)0381　九 州 092(721)0644
関　信 048(647)5544　関　西 06(6943)2251

当社HP → https://www.zeiken.co.jp

乱丁・落丁の場合はお取替え致します。　印刷・製本　㈱光邦
ISBN978-4-7931-2499-0